Miniaturrosen

Die Deutsche Bibliothek - CIP-Einheitsaufnahme

Miniaturrosen: Zwergrosen für Wohnung, Balkon und Terasse /
Dorothée Waechter. [Ill.: Manfred Lindner]. – Augsburg:
Naturbuch-Verl., 1998
ISBN 3-89440-317-9

Bildnachweis:

Redeleit: S. 6, S. 24, S. 25o., S. 25 u., S. 26 o., S. 26 u., S. 27, S. 32,
S. 38, S. 43, S. 44, S. 54 o, S. 54 u., S. 56,
Rosen Tantau: S. 9, S. 13, S. 14 u., S. 15 u., S. 16 l., S. 18 u., S. 21 o.,
S. 22, S. 30,
Kordes-Rosen: S. 10, S. 11, S. 12, S. 15 o, S. 19 o., S. 19 u., S. 20 o.,
S. 21 u., S. 28, S. 30, S. 31 u., S. 31 o., S. 34 u.,
Waechter: S. 33, S. 40, S. 41 u., S. 48, S. 50, S. 60
Reinhard: S. 14 o., S. 17 u., S. 18 o., S. 34 o., S. 37, S. 39, S. 41 o., S. 44,
Meile: S. 16 o. , S. 16 u., S. 17 o.,
Garpa: S. 42.

Naturbuch Verlag
© 1998 Weltbild Verlag GmbH, Augsburg
Alle Rechte vorbehalten
Illustrationen: Manfred Lindner, Mainz
Layout: CCG, Köln
Umschlaggestaltung: CCG, Köln
Umschlagfoto(s): Reinhard Tierfoto
Satz: Gesetzt aus der Glypha 7 pt/16 pt und Helvetica 8 pt
von Sascha Kempf für CCG
Reproduktion: CCG, Köln
Druck und Bindung: Offizin Andersen Nexö, Leipzig
Gedruckt auf umweltfreundlich chlorfrei gebleichtem Papier
Printed in Germany

ISBN 3-89440-317-9

Dorothée Waechter

Miniaturrosen

Vorwort

Als ich im Alter von fünf Jahren das erste Mal umgezogen bin, war das schönste an dem Haus, das meine Familie nun bewohnte, der Garten. Er war alt und eingewachsen. Eine stattliche Kastanie und eine Blutbuche beschatteten das Reich und es gab sogar einen kleinen Teich. In den Beeten rund um diesen Teich entdeckte ich zum ersten Mal in meinem Leben die Schönheit der Miniaturrosen. Sie schmückten die schmalen Seiten und ich verliebte mich ein wenig in diese zarten Geschöpfe mit ihren winzigen Knospen, die alles in allem aber so perfekt waren wie die

Miniaturrosen sind nicht nur als Gartenblumen beliebt, sondern auch als Topfpflanzen.

großen Schwestern, die in der Rosenrabatte standen. Allerdings hatten sie etwas, wodurch sie in meinen Kinderaugen besonders schön aussahen: Sie blühten rosa auf und wurden anschließend gelb.

Wer sich bei den Rosenhändlern und in Gärtnereien umschaut, entdeckt immer häufiger die kleinen Schwestern der gerühmten Rosen, die sogenannten Miniaturrosen. Und hierbei handelt es sich um einen Trend, der vielerlei Hintergründe hat. Zum einen führt die Rose immer noch die Hitliste der Gartenblumen an: Kaum eine Gattung findet so viele Anhänger und Liebhaber wie die Blume der Liebe. Ihre Vielgestaltigkeit, der Duft der Blüten und die wundervollen Farben haben sich einen festen Platz im sommerlichen Gartenreich erobert. Zum anderen werden die Gärten immer kleiner, nicht selten muß man sich mit einem Balkon als grünem Zimmer begnügen oder die Wohnung zum Garten erklären. Da kommen die Zwerge der

Königin der Blumen ganz groß raus. Schließlich benötigen sie relativ wenig Platz und schenken trotzdem wundervolle Blüten. Ja selbst als Topfpflanzen haben die Miniaturrosen eine große Bedeutung und können die Fensterbank mit dem Flair der Gartenblumen verzaubern.

All dies ist Grund genug, sich die Prinzessinnen des Gartenreichs einmal genauer anzusehen. Das Sortenspektrum ist ebenso breit gefächert wie die Möglichkeiten der Verwendung. Daher will ich Ihnen zunächst einen Überblick verschaffen, welche Vielfalt die Gruppe der Miniaturrosen zu bieten hat. Anschließend erfahren Sie in diesem Buch, wie Sie die Blütenschönheiten des Sommers in Beeten, Töpfen und Kästen in Szene setzen und wie Sie selbst auf der Fensterbank eine stimmungsvolle Dekoration erzeugen können. Natürlich bekommen Sie an dieser Stelle auch viele Tips für angemessene Nachbarn, die die Miniaturrosen nicht nur während der Blüte begleiten,

sondern die Beete rund herum auch vor beziehungsweise nach der Blüte entsprechend schmücken.

Aber all diese Schönheit will gepflegt werden, damit sie sich voll entfalten kann. Hierbei sollten Sie sich bei der Auswahl des Standortes, der Pflanzung und der alljährlichen Pflegemaßnahmen geduldig zeigen, damit die Miniaturrosen auch tatsächlich ihre volle Pracht entfalten und Krankheiten und Schädlinge möglichst wenig Beeinträchtigung darstellen.

Ich wünsche Ihnen viel Spaß bei der Lektüre des Büchleins, das nicht nur eine Hilfe ist, die bereits vorhandenen Miniaturrosen in ihrem Garten besser kennenzulernen, sondern sich von der faszinierenden Schönheit dieser Gewächse zu neuen Gestaltungen inspirieren zu lassen.

Die Miniatur-rosen

In der Klassifizierung der großen Gruppe der Rosen stellen die Miniaturrosen, vielfach auch Zwergrosen genannt, eine eigene Gruppe dar. Mit dieser Bezeichnung sind sie bereits ganz klar charakterisiert. Blüten und Blätter sowie der gesamte Habitus sind extrem klein. Ein einzelnes Blütenblatt mißt etwa einen Zentimeter Breite und gerade mal zwei Zentimeter Länge. Typisch für die Blütenblätter der Miniaturrosen ist die nach außen gewölbte Form. Teilweise rollen sich die Blütenblätter sogar einzeln nach außen auf. Die kleinen Büsche erreichen kaum mehr als 30 Zentimeter Höhe. Dabei erscheinen diese Rosen besonders dicht und buschig, da die Abstände zwischen den einzelnen Blättern auch nur gering sind. Alles in allem sind diese Zwerge perfekt, was ihr Äußeres betrifft. Viele Sorten sind sehr robust und eignen sich gut für Kästen und Kübel.

Die Herkunft der Miniatur-rosen

Durch die ungewöhnliche Größe, die in der gärtnerischen Verwendung viele Vorteile hat, kommt man leicht in Versuchung, die Miniaturrosen als reines Produkt der Züchtung anzusehen. Aber auch wenn vieles an Bonsaibäume erinnert, so hat die klassische Miniaturrose mit dieser Kunstform der asiatischen Gartenkultur nur eine vage Verbindung. Vieles spricht dafür, daß die Zwergrosen aus China stammen. Die Wildrose namens *Rosa chinensis minima* wird als Vorfahre der heutigen Miniaturrosen vielfach angegeben. Aber diese Behauptung steht neben zahlreichen anderen Vermutungen über den Ursprung der Miniaturrosen im Raum. So findet man in der Literatur Quellen, die für eine Herkunft der Miniaturrosen von der Insel Mauritius sprechen, andere besagen, daß man die Rose schon immer in Frankreich kultiviert hat.

Die Geschichte der Miniaturrosen ist immer wieder starken Modeströmungen unterlegen. Einige der Sorten, die am Ende des letzten und zu Beginn dieses Jahrhunderts für großes Interesse sorgten, kennt man noch heute: Sie heißen 'Pompon de Paris', 'Rouletii' und 'Tom Thumb'. Einer der bedeutenden Züchter der damaligen Zeit war Jan de Vink aus den Niederlanden, der in Zusammenarbeit mit dem Amerikaner Robert Pyle, zahlreiche neue Sorten entwickelte. In England, wie in Spanien gab es vor dem Zweiten Weltkrieg Züchter, die sich der kleinen Geschöpfe annahmen. Doch einen richtigen Aufschwung erfuhr die Züchtung von Miniaturrosen erst in den 70er Jahren des 20. Jahrhunderts. Durch Gärten, die immer kleiner werden, und auch durch die ständig steigende Zahl der Balkongärtner erfreuen sich die Zwerge immer größerer Beliebtheit. Die zahlreichen Vorzüge und das marktwirtschaftliche Interesse haben das Sortiment der Miniaturrosen stark bereichert.

Die schönsten Sorten

Bevor Sie nun im folgenden die Sorten hinsichtlich ihrer Geschichte und Vorzüge eingehend studieren können, möchte ich zwei Anmerkungen machen. Zum einen sind in dieser Auflistung sowie auch in den folgenden Kapiteln nur die Sorten näher erläutert, die bei uns in Mitteleuropa im Handel sind, beziehungsweise solche, die sich in der Geschichte der Miniaturrosenzüchtung einen Namen gemacht haben. Zum anderen sind die Sorten bereits nach Blütenfarben sortiert, damit Ihnen die Suche nach der geeigneten Pflanze erleichtert wird.

Rote Miniaturrosen

'Aggripina'
siehe Synonym:
'Cramoisi Supérieur'.

'Alberich'
Synonym: **'Happy'**.
Züchter: De Ruiter 1954.
Abstammung:
('Robin Hood' x 'Katharina Zeimet.' Sämling).
Wuchs: kräftig, buschig.

Höhe: 30 cm.
Blüte: johannisbeerrot, sehr klein, leicht gefüllt, dicht, in pyramidalen Ständen, reichblühend.
Besonderes: robust, gesund.

'Baby Crimson'
siehe Synonym:
'Perla d'Allacanda'

'Cramoisi Supérieur'
Synonym: **'Aggripina'**.
Züchter:
Coquereau 1832.
Wuchs: strauchartig bis kletternd. Höhe: bis 1 m.
Blüte: dunkelkarminrosa, gefüllt, schwach duftend, edle Form, gelbe Staubgefäße in der Blütenmitte.
Besonderes: China–Rose.

'Domino'
Züchter:
Rosen Tantau 1994.
Wuchs: buschig.
Höhe: 30 cm.
Blüte: blutrot, gefüllt, edle Blütenform.
Besonderes: gut für Topfkultur.

'Domino'

'Longleat'
siehe Synonyme:
'Wanaka', 'Macina'

'Orange Meillandina'
Züchter: Meilland 1980.
Abstammung: ('Tchin
Tchin' x ('Baby Bettina' x
'Duchesse of Windsor')).
Wuchs: buschig, auf-
recht.
Höhe: 30 – 40 cm.
Blüte: leuchtend orange-
rot, mittelgroß, dicht
gefüllt, in Büscheln,
Farbe sehr haltbar.
Besonderes: robust,
leuchtende Blütenfarbe,
gelegentlich wird auch
die kletternde Form
'Climbing Orange
Meillandina' angeboten.

'Peon'
Synonym: **'Tom Thumb'.**
Züchter: Jan de Vink
1935/36.
Abstammung: ('Rouletii'
x 'Gloria Mundi').
Wuchs: gedrungen,
buschig.
Höhe: 20 cm.
Blüte: tief rosa bis kar-
minrot, mit weißem
Auge, klein, locker
gefüllt.
Besonderes: Zwergrose,
die Geschichte machte.

'Perla de Alacanda'
Synonym:

'Baby Crimson'.
Züchter: Dot 1944.
Abstammung: ('Perle des
Rouges' x 'Rouletii').
Wuchs: kräftig, buschig,
rundlich, üppig treibend.
Höhe: bis 30 cm.
Blüte: dunkles Karminrot
mit Purpur, winziges
weißes Auge, klein,
gefüllt, rosettenförmig, in
Büscheln.
Besonderes: spanische
Züchtung.

'Starina'
Züchter: Meilland 1965.
Wuchs: kompakt, reich
verzweigt.
Höhe: 30 cm.
Blüte: lachs- bis schar-
lachrot, mittelgroß,
gefüllt, edel anmutend,
haltbar.
Besonderes: robust, gut
für Topfkultur, von der
American Rose Society
als eine der besten
Sorten ausgezeichnet.

'Zwergenfee'

'Tom Thumb'
siehe Synonym:
'Peon'.

'Wanaka'
Synonyme:
'Longleat', 'Macina',
'Young Cale'.
Züchter: McGredy 1978.
**Abstammung und
Herkunft:** ('Anytime' x
'Trumpeter').
Wuchs: buschig.
Höhe: 20 – 40 cm.
Blüte: orangerot, locker
gefüllt, in dichten
Büscheln.

'Young Cale'
siehe Synonym:
'Wanaka'

'Zwergenfee'
Züchter: W. Kordes´
Söhne 1979.
Wuchs: buschig, dicht.
Höhe: 40 cm.
Blüte: blutrot, mittelgroß,
gut gefüllt, gut haltbar,
regenfest, reichblühend.
Besonderes: treibt reich
nach, für Topfkultur und
Einfassungen.

'Zwergkönig 78'
Züchter: W. Kordes´
Söhne 1978.
Wuchs: kompakt,
buschig, starke Triebe.
Höhe: bis 50 cm.
Blüte: blutrot, mittelgroß,

'Zwergkönig 78'

locker gefüllt, gut halt-
bar, regenfest.
Besonderes: gute
Frosthärte, für Tröge,
hübsch als niedrige
Hecke.

Zweifarbig rote Miniaturrosen

'Baby Masquerade'
Synonym:
'Baby Carneval'.
Züchter: Math.

Tantau, 1955.
Wuchs: buschig, auf-
recht.
Höhe: bis 30 cm.
Blüte: kupfergelb mit
kupferroten
Blütenblatträndern,
gefüllt, reichblühend.
Besonderes: gute
Winterhärte, gesund.

'Baby Carneval'
siehe Synonym:
'Baby Masquerade'.

Die Miniaturrosen

Die Miniaturrosen

Die Miniaturrosen

'Colibri 79'
Züchter: Meilland 1959.
Abstammung und
Herkunft: ('Goldlocks' x
'Perla de Montserrat').
Wuchs: buschig.
Höhe: bis 30 cm.
Blüte: orange, im
Aufblühen nach gelb ver-
blassend, locker gefüllt,
mittelgroß, schalenförmig
geöffnet.
Besonderes: anfällig für
Sternrußtau.

'Little Artist'
Züchter: McGredy.
Wuchs: buschig.
Höhe: 20 – 30 cm.
Blüte: blutrot mit
weißlich gelber Mitte und
Randzeichnung, halbge-
füllt, groß, reichblühend.
Besonderes: von der
American Rose Society
als eine der besten
Sorten ausgezeichnet.

'Maidy'
Züchter: W. Kordes´
Söhne 1984.
Wuchs: kompakt, dicht
wachsend.
Höhe: bis 35 cm.
Blüte: blutrot, Unterseite
der Blütenblätter silbrig-
weiß mit einem roten
Rand, groß, gefüllt, lange
haltbar, lange Blütezeit.

'Orange Juwel'

'Stars´ n Stripes'
Züchter: Moore 1976.
Abstammung und
Herkunft: (('Little Chief'
x Sämling) x ('Little
Darling' x 'Ferdinand
Prichard')).
Wuchs: buschig.
Höhe: 60 cm.
Blüte: tiefes Karminrot
mit rosa Zeichnung, halb
gefüllt, groß, flach geöff-
net.
Besonderes: Einführung
der Sorte zur 200–Jahr-
feier der Vereinigten
Staaten.

Orange, aprikot– und lachsfarbene Miniaturrosen

'Clarissa'
Synonym:
'Harpocrustes'.
Züchter: Harkness 1983.
Abstammung und
Herkunft: ('Southampton'
x 'Darling Flame').
Wuchs: buschig.
Höhe: 50 cm.
Blüte: bernsteinfarben,
dicht gefüllt, rosettenför-
mig, groß, in Büscheln.

'Firefly'
Züchter: McGredy.
Wuchs: buschig.
Höhe: 20 – 40 cm.
Blüte: leuchtend bronzeorange, gefüllt, klein, im Verblühen schalenförmig geöffnet, edel, zahlreich.

'Harpocrustes'
siehe Synonym:
'Clarissa'.

'Mandarin'
Züchter: W. Kordes´ Söhne 1987.
Wuchs: kompakt, buschig, reich verzweigt.
Höhe: 25 cm.
Blüte: lachsrosa, nach innen orangegelb, groß, locker gefüllt, innere Blütenblätter kürzer, Blüten in Büscheln.
Besonderes: interessant für die Topfkultur.

'Meijikatar Sunblaze'
siehe Synonym:
'Orange Meillandina'.

'Orange Babyflor'
Züchter: Rosen Tantau 1994.
Wuchs: buschig.
Höhe: bis 25 cm.
Blüte: orangerot, groß, gefüllt, rosettenförmig.
Besonderes: ideal geeignet für die Topfkultur.

'Orange Babyflor'

'Orange Juwel'
Züchter: W. Kordes´ Söhne 1987.
Wuchs: kompakt, kräftig, gut verzweigt.
Höhe: bis 30 cm.
Blüte: lachsorange, groß, stark gefüllt, lange Haltbarkeit.
Besonderes: für die Topfkultur geeignet.

'Orange Meillandina'
Synonym:
'Orange Sunblaze'

'Orange Sunblaze'.
Züchter: Meilland 1980.
Abstammung und Herkunft: 'Meichanso' x ('Meidacinu' x 'Duchesse of Windsor').
Wuchs: buschig, gedrungen.
Höhe: 30 cm.
Blüte: orangerot, stark gefüllt, in dichten Büscheln, reichblühend.
Besonderes: Sie wurde von der American Rose Society als eine der

Die Miniaturrosen

Die Miniaturrosen

Die Miniaturrosen

'Amulett'

'Bubikopf'
Züchter: Rosen Tantau 1986.
Wuchs: buschig, kompakt.
Höhe: bis 25 cm.
Blüte: hellrosa, groß, schalenförmig geöffnet, lang anhaltende Blüte.
Besonderes: gute Frosthärte.

'Climbing Pompon de Paris'
Abstammung und Herkunft: vor 1823, entstanden aus 'Pompon de Paris'.
Wuchs: schlank langtriebig.
Höhe: bis 2 m.
Blüte: edles Rosa, im Verblühen heller, locker gefüllt, klein.

besten Sorten ausgezeichnet.

Rosa Miniaturrosen

'Amulett'
Züchter: Rosen–Tantau 1991.
Wuchs: breitbuschig.
Höhe: 50 cm.
Blüte: kräftiges Rosa, groß, dicht gefüllt, ähnelt einer Pompondahlie, lange haltbar.
Besonderes: für die

Topfkultur gut geeignet.

'Armosa'
siehe Synonym:
'Hermosa'

'Babyflor'
Züchter: Rosen–Tantau 1992.
Wuchs: buschig.
Höhe: bis 30 cm.
Blüte: silbriges Rosa, gut gefüllt, klein, in Dolden.
Besonderes: gut für Topfkultur.

'Babyflor'

'Bubikopf'

Besonderes: sehr frühe Blüte, daher benötigt sie einen geschützten Standort, zum Beispiel an einer Mauer.

'Daniela'
Züchter: W. Kordes´ Söhne 1987.
Wuchs: kompakt, breitbuschig.
Höhe: 25 cm.
Blüte: zartrosa, dicht gefüllt, rosettenförmige Anordnung der Blütenblätter, Blütenblätter stark zugespitzt, groß.

'Eleanor'
Züchter: Moore 1963.
Abstammung: (R. wichuriana x 'Floradora').
Wuchs: aufrecht, buschig.
Höhe: bis 40 cm.
Blüte: lachsrosa, im Verblühen hellrosa, gefüllt, flach, rosettenartig, in Büscheln.

'Hermosa'
Synonym: **'Armosa'**.
Züchter: Marcheseau 1840.
Wuchs: strauchiger Busch, kletternd.
Höhe: bis 1 m.
Blüte: edles Rosa, dicht gefüllt, mittelgroß, in kleinen Büscheln, duftend.
Besonderes: für kleine Obelisken und Spaliere.

'Lady Meillandina'
Züchter: Meilland 1985.
Wuchs: buschig.

Höhe: bis 40 cm.
Blüte: pastellrosa, außen heller, gut gefüllt, mittelgroß, schalenförmig.

'Meijidiro'
siehe Synonym:
'Pink Meillandina'.

'Nozomi'
Züchter: Onodera 1968.
Abstammung und Herkunft: ('Fairy Princess' x 'Sweet Fairy Peach').
Wuchs: flach, langtriebig.
Höhe: 45 cm, breitet sich über 2 bis 3 Meter aus.
Blüte: hellrosa, einfach, in dichten Büscheln.

'Daniela'

'Hermosa'

Besonderes: wunderschöner Bodendecker, an Mauern, Trauerformen.

'Old Blush'
Synonym:
'Parson's Pink China'.
Züchter: Osbeck 1752.
Wuchs: kleiner Strauch.
Höhe: bis 1 m.
Blüte: hellrosa mit dunkler Zeichnung an den Rändern der Blütenblätter, locker gefüllt, mittelgroß, langanhaltende Blüte, Duft wie Gartenwicken.
Besonderes: ursprüngliche Chinarose, kann an Mauern auch bis zu 3 m Höhe gezogen werden.

'Parson's Pink China'
siehe Synonym:
'Old Blush'.

'Pink Babyflor'
Züchter: Rosen Tantau 1993.

Wuchs: buschig.
Höhe: 30 cm.
Blüte: rosenrot, gefüllt, edelrosenartig.
Besonderes: gut für Topfkultur.

'Pink Meillandina'
Synonyme:
'Pink Sunblaze',
'Meijidiro'.
Züchter: Meilland 1982.
Abstammung und Herkunft: 'Sport von Meijikatar'.
Wuchs: buschig.
Höhe: 30 cm.
Blüte: edles lachsrosa, locker gefüllt, mittelgroß, seerosenförmig geöffnet.
Besonderes: von der American Rose Society als eine der besten Sorten ausgezeichnet.

'Pink Sunblaze'
siehe Synonym:
'Pink Meillandina'.

'Pink Symphonie'
Züchter: Meilland 1987.
Wuchs: breitbuschig, ausladend, kräftig.
Höhe: bis 40 cm.
Blüte: reines Rosa, im Verblühen heller, gut gefüllt, mittelgroß.
Besonderes: gute Frosthärte, auch für Balkonkästen.

'Pompon de Paris'
Abstammung und Herkunft: vor 1823, vielfach als identisch mit 'Rouletii' beschrieben, was allerdings zweifelhaft ist.
Wuchs: schlank aufrecht.

'Old Blush'

Höhe: bis 1 m.
Blüte: edles Rosa, im Verblühen heller, locker gefüllt, klein.
Besonderes: sehr frühe Blüte, daher benötigt sie einen geschützten Standort, zum Beispiel an einer Mauer.

'Rosmarin 89'
Züchter: W. Kordes´ Söhne 1989.

'Rouletii'
Abstammung und Herkunft: eine der ersten Miniaturrosen, aus der Schweiz, Elternpflanze zahlreicher Miniaturrosen.
Wuchs: locker buschig.
Höhe: 30 cm.
Blüte: dunkelrosa, locker gefüllt, in Büscheln.

Besonderes: ursprünglich als Topfpflanze, durch gute Winterhärte aber auch eine schöne und ausdauernde Gartenpflanze.

'Pompon de Paris'

'Pink Babyflor'

Wuchs: kompakt, reich verzweigt, zierlich.
Höhe: bis 20 cm.
Blüte: kräftig rosa, mittelgroß, stark gefüllt, in Dolden, reichblütig.
Besonderes: treibt gut und reich nach, von der American Rose Society als eine der besten Sorten ausgezeichnet.

'Pink Symphonie'

Die Miniaturrosen

Die Miniaturrosen

Die Miniaturrosen

'The Fairy'
Züchter: Bentall 1932.
Abstammung und Herkunft: Sport von 'Lady Godiva'.
Wuchs: breit, kompakt, dicht, äußere Triebe, elegant überhängend.
Höhe: 60 cm.
Blüte: hellrosa, dicht gefüllt, rosettenförmig, klein, in großen Büscheln, langblühend.
Besonderes: sehr schöne Beetpflanze.

'Zwergkönigin 82'
Züchter: W. Kordes´ Söhne 1982.
Wuchs: buschig, gut verzweigt.

'Zwergkönigin 82'

'Goldjuwel'

Höhe: bis 50 cm.
Blüte: reines Rosa, mittelgroß, locker gefüllt, in Dolden, gut haltbar, wetterfest.
Besonderes: gute Frosthärte.

Gelbe Miniaturrosen

'Baby Gold Star'
Synonym:
'Estrellita d'Oro'.
Züchter: Dot 1940.
Abstammung und Herkunft: ('Eduardo Toda' x 'Rouletii').
Wuchs: buschig.
Höhe: 30 cm.

Blüte: goldgelb, im Verblühen blasser werdend, dicht gefüllt, edle Form.

'Bit O'Sunshine'
Züchter: R. S. Moore 1963.
Abstammung und Herkunft: ('Copper Glow' x 'Zee').
Wuchs: buschig, hochwachsend.
Höhe: 35 cm.
Blüte: leuchtend buttergelb, im Verblühen blasser werdend, halb gefüllt, lange Blüte.
Besonderes: anfällig für Mehltau, gute Winterhärte.

'Dorola'
Züchter: Mc Gredy 1982.
Wuchs: buschig, ver-
zweigt.
Höhe: bis 50 cm.
Blüte: goldgelb,
mittelgroß, locker gefüllt,
in Büscheln, leichter
Duft, reichblühend, gut
haltbar.

'Estrellita d'Oro'
siehe Synonym:
'Baby Gold Star'

'Goldjuwel'
Züchter: Rosen Tantau
1993.
Wuchs: buschig, gedrungen.

'Sonnenkind'

Höhe: bis 25 cm.
Blüte: goldgelb,
mittelgroß, gefüllt, edel
geformt, reichblütig.
Besonderes: robust, gut
für Topfkultur.

'Guletta'
Synonyme: **'Rugul'**,
'Tapis Jaune'.
Züchter: De Ruiter 1976.
Abstammung: ('Rosy
Jewel' x `Allgold').
Wuchs: dichtbuschig,
aufrecht.
Höhe: 30 – 40 cm.
Blüte: zitronengelb,
gefüllt, edle Röschen, im
Verblühen schalenförmig
und etwas heller, reich-

'Dorola'

'Schneeküßchen'

blühend, langanhaltende Blüte.
Besonderes: starke Leuchtkraft der Blütenfarbe.

'Rugul'
siehe Synonym:
'Guletta'

'Sonnenkind'
Züchter: W. Kordes´ Söhne 1986.
Wuchs: buschig, gedrungen, reich verzweigt.
Höhe: bis 35 cm.
Blüte: reines Goldgelb, mittelgroß, gut gefüllt, nach außen gewölbte Blütenblätter.

Besonderes: gut für Topfkultur.

'Tapis Jaune'
siehe Synonym:
'Guletta'

Weiße Miniaturrosen

'Cinderella'
Züchter: de Vink 1953.
Wuchs: buschig.
Höhe: 30 cm.
Blüte: weiß, gefüllt, sehr klein, lange Blütezeit.
Besonderes: eine der bekanntesten frühen Sorten, von der American Rose Society als eine der

besten Sorten ausgezeichnet.

'Climbing Jackie'
Abstammung und Herkunft: seit 1957 bekannt.
Wuchs: kletternd, aufrecht.
Höhe: bis 150 cm.
Blüte: weiß mit gelber Mitte, kleinblütig.
Besonderes: für kleine Obelisken und Rankspaliere, auch im Topf.

'Schneeküßchen'
Züchter: W. Kordes´ Söhne 1993.
Wuchs: buschig.

Wuchs: buschig.
Höhe: bis 30 cm.
Blüte: weiß mit leichtem Rosa, klein, gefüllt, gelbe Staubgefäße in der Mitte sichtbar, in Büscheln.
Besonderes: für Kultur in Gefäßen geeignet.

'Schneeweißchen'
Züchter: Rosen Tantau 1992.
Wuchs: buschig.
Höhe: 35 cm.
Blüte: reinweiß, Knospen mit rötlichem Schimmer, gefüllt, reichblühend.
Besonderes: gut für Topfkultur.

'Schneeweißchen'

Violette Miniaturrosen

'Bluenette'
Züchter: de Ruiter 1983.
Wuchs: kompakt, reich verzweigt.
Höhe: 40 cm.
Blüte: leuchtend violett, groß, locker gefüllt, dichter Blütenbesatz, schwacher Duft, haltbar.
Besonderes: lebhafter Farbton.

'Bluenette'

Die Miniaturrosen

Die Miniaturrosen

Die Miniaturrosen

Gestalten mit Miniaturrosen

Die kleinen Sorten der Königin der Blumen benötigen – zum Glück – nicht viel Platz. Daher ermöglichen sie das Rosenbeet im kleinen Garten. Hinsichtlich der Gestaltung lassen sie aber auch eine Vielzahl von speziellen Verwendungen zu, die mit größeren Sorten gar nicht möglich wären und haben ein ganz eigenes Sortiment an sogenannten Rosenkavalieren, die sie auf Beeten durch den Sommer begleiten. Auch auf Balkon und Terrasse, wo man sonst kaum den Ansprüchen der großen Rosen gerecht wird, verheißen die zarten Geschöpfe rosige Zeiten. Und nicht zuletzt haben sich Miniaturrosen auch in der Wohnung einen

'Bubikopf' im Beet

festen Platz erobert, auch wenn man die Schätze gut versorgen muß, damit sie sich auch tatsächlich wohl fühlen.

Miniaturrosen im Garten

Vielfalt ermöglichen Miniaturrosen in jedem Garten, aber ganz besonders groß kommen sie natürlich in kleineren Hausgärten heraus. Hier, wo man sparsam mit der Fläche sein muß aber doch so viele Ideen realisieren möchte, kann man mit den kleinblumigen Rosensorten eine ganze Menge Ideen unter einen Hut bekommen. Da kann beispielsweise das nur wenige Quadratmeter große Beet im Vorgarten mit Rosen geschmückt, der schmale Rand des Gartenbeetes blumig geziert werden oder sogar im Nutzgarten das eine oder andere Hochstämmchen für einen schmucken Höhepunkt sorgen. Lassen Sie sich von der Vielzahl der Möglichkeiten überraschen und von den Gestaltungsvorschlägen inspirieren.

Rosenträume im Beet

Für das Rosenbeet im kleinen Garten sind Miniaturrosen die ideale Lösung. Sie sollten sich aber von vornherein darüber im klaren sein, daß die Höhe und Dichte nicht an die großen Schwestern heranreicht. Meistens werden die Zwerge gerade einmal einen halben Meter hoch. Man rechnet etwa 15 Miniaturrosen pro Quadratmeter. Wichtig für eine starke Wirkung ist es, daß Sie nicht zu viele Sorten miteinander mischen, sondern Tuffs von drei bis fünf Pflanzen einer Sorte zusammensetzen. So entsteht von den einzelnen Miniaturrosen ein kräftiger Eindruck, der sich im grünen Paradies behaupten kann. Damit die Pflanzungen nun nicht zu monoton werden, ergänzt man Stauden und Einjährige, die sich in ihrer Wirkung den Miniaturrosen unterordnen. Auf diese Art und Weise können Sie den Platz optimal nutzen, denn diese Rosenbeete haben das ganze Jahr über etwas zu bieten.

Mehrjährige Rosenkavaliere

Im Reich der Stauden findet man zahlreiche kleine Gewächse, die eine wundervolle Ergänzung zu den Miniaturrosen während der Blütezeit darstellen. Wichtig ist nicht nur ein übereinstimmender Standortanspruch bei der Auswahl, sondern auch eine harmonische Farbwirkung von Blättern und Blüten. Klassiker der Rosenkavaliere haben ein Laub, das rund ums Gartenjahr dekorativ ist. Hier kann man beispielsweise graulaubige Pflanzen verwenden, wie das Heiligenkraut *(Santolina chamaecyparis)* oder kleine Edelrauten *(Artemisia schmidtiana 'Nana')*. Sie bringen die bunten Blüten gut zur Geltung. Bei weißblühenden Miniaturrosen kann eine solche Pflanzung kühl wirken. Edler wirken hier sattgrüne Blätter, wie die von Schleifenblumen *(Iberis sempervirens)*. Sie bilden dichte, kompakte Büsche, die im April blühen und sich dann aber während der Rosenblüte in ihr Blätterkleid hüllen. Ein zusätzlicher Aspekt, der für die Wahl von Schleifenblumen spricht: Die Büsche sind immergrün. Klassiker der Rosenkavaliere blühen blau, da durch den kühlen Farbton die Rosenblüte edel unterstrichen wird. Hier bieten sich Teppichglockenblume *(Campa-* *nula poscharskyana)* und Ehrenpreis *(Veronica spicata)* an. Die Karpatenglockenblumen *(Campanula carpatica)* dagegen wirken mit ihren verhältnismäßig großen Blüten zu klobig zwischen den zarten Rosenblüten. Hübsch ergänzt auch Thymian *(Thymus serpyllum)* mit seinen rosaroten Blütenteppichen eine Rosenpflanzung. Wer etwas ausgefallene Farbkombinationen mag, der pflanzt Stachelnüßchen *(Acaena microphylla 'Kupferteppich')* mit rötlichem Laub zwischen die Rosen. Als beliebter Rosenbegleiter hat sich der Frauenmantel einen Namen gemacht. Nun würde *Alchemilla mollis*

Knotenbeete zählen zu den Schmuckstücken des formalen Gartens. Als verschlungene Bänder ziehen sich zwei Arten des Heiligenkrautes (Santolina chamaecyparis, S. pinnata) *zwischen den* Miniaturrosensorten 'Sonnenkind', 'Starina' und 'Zwergenfee' hindurch.

die kleinen Sorten rasch überwuchern, daher sollte man besser *Alchemilla alpina* oder *Alchemilla epipsila* verwenden, die klein bleiben und zartgrüne Blütenschleier unter den Miniaturrosen ausbreiten. Eine solche geschlossene Bodendecke unter den kleinen Rosenbüschchen hat nicht nur einen dekorativen Aspekt, sondern hält auch das Wachstum der Rosen intakt. Der Boden wird beschattet, so daß Unkraut nicht so leicht keimt und die Feuchtigkeit besser gehalten werden kann. Die stetige Verdunstung sorgt dafür, daß das Kleinklima ausreichend Luftfeuchtigkeit hat.

Die zarten Schalen des Storchschnabels (Geranium) *begleiten Miniaturrosen würdevoll.*

Teppichglockenblumen (Campanula poscharskyana) *breiten sich zwischen der Sorte 'The Fairy' im Hintergrund und 'Amulett' in der Beetmitte aus.*

Deutscher Name *Botanischer Name*	Höhe (cm)	Blütenfarbe	Laub	Blütezeit
Schafgarbe *Achillea umbellata*	10	weiß	silberweiß	Juli – August
Steintäschel *Aethionema armeniacum* 'Warley Rose'	20	leuchtendrosa	blaugrün, nadelartig	April – Juni
Grasnelke *Armeria maritima*	20–25	karminrosa, weiß	grasartig fahlgrün	Mai – Juli
Sternglocke *Campanula* *garganica*	15	lila	grün	Mai – Juni
Wolfsmilch *Euphorbia capitulata*	5	gelb	blaugrün, schuppenförmig	Mai – Juni
Storchschnabel *Geranium cinereum* 'Ballerina'	15	ilarosa mit dunkler Aderung	graugrün	Juni – September
Kugelblümchen *Globularia cordifolia*	10	blau	immergrün	Juni – Juli
Polsterschleierkraut *Gypsophila repens* 'Rosa Schönheit'	10	dunkelrosa	grau	Juni – September
Alpenlein *Linum alpinum*	10	wasserblau	graugrün	April
Fingerkraut *Potentilla neumanniana* 'Nana'	5	gelb	grün	April – Juni/ August

*Grasnelken (Armeria maritima) zählen zu den
mehrjährigen Kavalieren der Miniaturrosen.*

*Niedrige Schafgarben sind eine hübsche
Begleitung für die Zwerge unter den Rosen.*

Gestalten mit Miniaturrosen

Gestalten mit Miniaturrosen

Gestalten mit Miniaturrosen

Gestalten mit Miniaturrosen

Unermüdlich zeigen sich die kleinblumigen Studentenblumen (Tagetes).

Die Kapaster (Felicia amelloides) *trägt violettblaue Blüten, die mit allen Blütenfarben der Miniaturrosen harmonieren.*

Elfensporn *(Diascia)* mit rosa Blüten bringt rotblühende Sorten zum Leuchten, auch

Einjährige Rosenkavaliere

Auch unter den Sommerblumen findet man sehr viele Gewächse, die sich malerisch zu den Rosenprinzessinen gesellen. Duftsteinrich *(Lobularia maritima)* und Männertreu *(Lobelia erinus)* beispielsweise bilden malerische Blütenpolster, die für zusätzliche Farbe sorgen, ohne sich in den Vordergrund zu spielen.

wenn er etwas höher wächst. Seine Blüten erscheinen so zart, daß eine Verbindung durchaus angemessen wirkt. Hübsche Grüntöne bringen einjährige Zypressen *(Kochia scoparia)* ins Spiel.

Ein rundes Beet als Blickfang. In der Mitte steht die Miniaturrose 'Schneeküßchen' auf einen Stamm veredelt. Dazu gesellen sich die Sorte 'Pink Symphony' und einige Sommerblumen, wie weißblühende Zinnien (Zinnia angustifolia), *grüne Gartenresede* (Reseda odorata) *und Duftsteinrich* (Lobularia maritimal).

Deutscher Name *Botanischer Name*	Höhe (cm)	Blütenfarbe	Laub	Blütezeit
Schneeflockenblume *Bacopa* 'Snowflake'	10	weiß	sattgrün	Mai – Oktober
Kapaster *Felicia amelloides*	20	blau	grün	Juli – Oktober
Strohblume *Helichrysum petiolare* 'Microphyllum'	10	ohne	silbriggrau	
Elfenspiegel *Nemesia menzisi*	20	blau	grün	Mai – Juli
Nierembergia *Nierembergia repens*	10	weiß	grün	Juni – September
Goldklee *Oxalis vulcanicola*	25	gelb	grün bis rotbraun	Mai – Oktober
Petunie *Petunia–Hybriden* 'Million Bells'	20	weiß, rosa, rot	grün	Juni – September
Zwergtagetes *Tagetes tenuifolia*	20	gelb	grün	Juli – Oktober
Eisenkraut *Verbena rigida* 'Polaris'	20	hellblau	grün	Juni – Oktober
Zinnie *Zinnia angustifolia*	20	weiß, orange	grün	Juli – Oktober

Als Blütenmeer legen sich die kleinen Petunien
(Petunia – Hybride ʼMillion Bellsʼ) den Rosenbüschen zu Füßen.

Gestalten mit Miniaturrosen   Gestalten mit Miniaturrosen   Gestalten mit Miniaturrosen

Miniaturrosen als Einfassungen und Hecken

Ganz gleich ob der Garten groß oder klein ist, man hat immer einige Ecken frei, die für eine hohe, üppige Bepflanzung nicht ausreichen. Hier sind die Miniaturrosen willkommen. Schmale Beete, Wegränder oder Flächen neben der Sitzfläche lassen sich mit einem Band aus den Rosenzwergen hübsch gestalten. Sie verwandeln die Fläche in einen sommerlichen Blütenbach. Je kleiner die Fläche, desto besser ist es, einer bewährten Sorte treu zu bleiben, damit die Farbtupfer gut zur Geltung kommen. Bei einem längeren Wegesrand dagegen sollte man für einen rhythmischen Wechsel sorgen oder aber einen Farbverlauf pflanzen. Von weiß über gelb zu aprikot und schließlich rosa bekommt dieses schmale Beet eine besondere Wirkung. Vermeiden Sie hier allerdings allzu kräftige Farben, denn diese dominieren zu stark und würden wie

eine Unterbrechung erscheinen. Pastelltöne dagegen verschwimmen ineinander. Für eine Sorte sollte bei einem solchen Band etwa ein halber Meter zur Verfügung stehen. Wenn Sie ein breiteres Beet haben, auf das zweireihig gepflanzt werden kann (ca. 50 cm Beetbreite), können Sie die Rosen versetzt pflanzen und die Übergänge von einer Sorte zur anderen durch einen Trick besonders weich gestalten. Mischen Sie einfach die nächstfolgende Sorte mit ein bis zwei Pflanzen im Pflanzmuster unter, und lassen Sie die vorangegangene Sorte nochmals in den neuen Farbton einfließen. Das bedeutet an einem Beispiel: Zunächst in Zweierreihen sechs Exemplare der

orangegelben Sorte 'Colibri' setzen, dann versetzt dreimal die Sorte 'Summer Butter' untermischen und dann die Pflanzung mit sechs Pflanzen 'Summer Butter' fortsetzen, bevor die nächstfolgende Sorte untergemischt wird. Auch zur Einfassung von größeren Beeten eignen sich die niedrigen Miniaturrosen. Hierbei sollte man aber beim Schnitt darauf achten, daß die Büsche annähernd gleiche Höhe haben und auch Sortenmixturen auf maximal zwei verschiedene Miniaturrosen beschränken. Bei Blumenbeeten ist darauf zu achten, daß die Blütenfarben der Rosen mit der Stimmung des Beetes harmonieren. Weiße Miniaturrosen, wie

'The Fairy': Eine der schönsten rosafarbenen Rosen, die auch im kleinen Garten wundervolle Gestaltungsmöglichkeiten bietet.

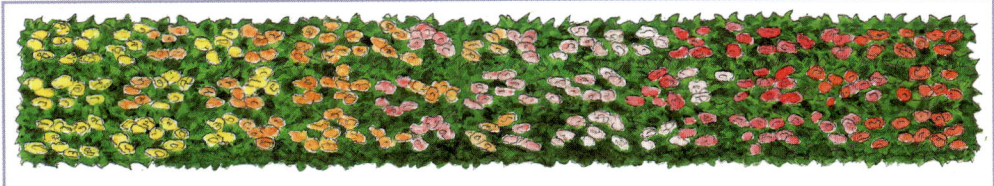

Auch als kleine Hecke am Wegesrand kann man Miniaturrosen pflanzen. Im Beispiel werden die Sorten 'Gueletta', 'Baby Masquerade', 'Pink Meillandina', 'Bluenette' und 'Maidy' verwendet.

'Schneeweißchen' und 'Schneeküßchen' sind dabei sehr diplomatisch, ähnlich wie zartrosa Sorten, zum Beispiel 'The Fairy'. Rot und Orangerot sorgen für intensive Konturen und eignen sich nur für ausgewählte Kombinationen, beispielsweise zu blauen oder violetten Beeten, beziehungsweise als Schmuck für Rabatten, deren Schwerpunkt der Blütezeit im Frühling oder Herbst liegt.

Rosige Decken

In der großen Gruppe der Bodendeckerrosen gibt es einige Sorten, die durch ihre kleinen Blüten mitunter zu den Miniaturrosen gezählt werden beziehungsweise ähnliche Eigenschaften haben. Die in diesem Buch erwähnten bodendeckenden Sorten zeichnen sich durch einen niederliegenden Wuchs aus und sind daher zur flächigen Verwendung geeignet. Kleine Böschungen oder Flächen können auf diese Art und Weise pflegeleicht bepflanzt werden und haben trotzdem einen hohen Zierwert. Die bewährten Sorten finden Sie in der Tabelle beschrieben.

Sortenname	Blüten	Wuchs
Bassino	rot, einfach, gelbe Staubgefäße in der Mitte sichtbar	25 cm hoch, breitausladend
Nozomi (Syn. Heideröslein–Nozomi)	hellrosa, im Aufblühen fast weiß, einfach, in Büscheln	20–40 cm hoch, langtriebig, reich vezweigt
Rosa Sternenflor	weiß mit rosa Hauch, in Trauben, duftend	30–40 cm, kompakt buschig, flach
Sternenflor	weiß, einfach, duftend, in Trauben, bildet teilweise kleine Hagebutten	30–40 cm, kompakt buschig, flach
Sommermärchen	pink, halbgefüllt, schalenförmig,	bis 50 cm, breitbuschig, starkwachsend
Swany	weiß, im Aufblühen rosa, stark gefüllt	40–50 cm, buschig überhängend
The Fairy	hellrosa, gefüllt, rosettenförmig, in Büscheln	40–60 cm, äußere Triebe überhängend

Miniaturrosen – hoch hinaus

Neben den kleinen, buschigen und den bodendeckenden Zwergrosen gibt es in dieser Rosenklasse einige wenige Kletterer, die sich für Spaliere und Obelisken in kleinen Gärten eignen. Ebenso kennt man eine ganze Reihe von Sorten, die auch auf einen Stamm veredelt werden und daher näher an das Auge des Betrachters rücken. Kletternde Miniaturrosen zählen zur Zeit noch zu den Seltenheiten, obwohl eine der ersten Sorten 'Pompon de Paris' ohne Rückschnitt

'Zwergkönigin' zeichnet sich durch wetterfeste Blüten aus.

wie eine Kletterrose wächst und daher die Eigenschaften sozusagen im Blut zu liegen scheinen. Grundsätzlich klettern die Miniaturrosen natürlich deutlich schwächer als die bekannten Akrobaten unter den Rosen. Sie erreichen Höhen von maximal 120 Zentimetern. Doch sollte man die Wirkung einer solchen Sorte nicht unterschätzen, denn ein kleiner Obelisk neben der Sitzbank oder eine Sichtschutzwand kann durch Sorten wie 'Climbing Orange Meillandina' und 'Climbing Jackie' blumig verdeckt werden. Die Wuchsform der Hochstämme dagegen beruht nicht auf der ursprünglichen Sorte, sondern auf dem gärtnerischen Kunstgriff der Veredelung. Die kleinen Miniaturrosen werden als Sorten auf Hochstämme von etwa 40 bis 60 Zentimetern Höhe veredelt. Dadurch kommen sie natürlich besser zur Geltung. Diese Kunstform eignet sich besonders gut für formale Gärten, wo ein solches Hochstämmchen als Höhepunkt in einem von

'Orange Babyflor' kommt als Hochstammrose sehr hübsch zur Geltung.

Buchsbaum (Buxus sempervirens) oder Heiligenkraut (Santolina) eingefaßten Beet gut zur Geltung gebracht werden kann. Auch an einen Wegrand kann man die Hochstämmchen in der Reihe pflanzen und dazwischen klassische Rosenbegleiter wie Sommersalbei (Salvia nemorosa) und Lavendel (Lavandula angustifolia) setzen. So bekommt der Weg seitlich hübsche wandartige Struktur und Einfassung, die ihm zusätzliche Tiefe verleihen und von den Beeten dahinter zunächst etwas ablenken. Bei den Hochstämmchen sollte man nur hinsichtlich des

Winterschutzes einige zusätzliche Maßnahmen treffen, damit die Veredlung vor Frost und Austrocknung geschützt ist.

Eine Idee für Miniaturrosen– Liebhaber

Wer zu den Zwergen eine besondere Liebe entwickelt hat, der wird alsbald merken, daß die Beobachtung der Schätze eine mühsame Sache ist: Der Rücken verleidet ei-

Miniaturrosen als Hochstämmchen

'Guletta' (gelb),
'Lovely Fairy' (rosa),
'Maidy' (rot/weiß),
'Mandarin' (orange),
'Morena' (lachsrosa),
'Orange Juwel'
(lachsorange),
'Rosmarin 89' (rosa),
'Schneeküßchen'
(blaßrosa/weiß),
'Sommermärchen' (pink),
'Sommermorgen'
(reinrosa),
'Sonnenkind' (goldgelb),
'The Fairy' (rosarot),
'Zwergkönig 78'
(blutrot),
'Zwergkönigin 82'
(reinrosa)

Die Blüten der Sorte 'Maidy' haben durch ihre Zweifarbigkeit besonderen Charme.

nem früher oder später die Passion. Da ist es einfacher die Rosen von vornherein etwas höher zu pflanzen. Zum Beispiel am Rande einer Trockenmauer oder in einem speziellen Hochbeet. So kommen einem die Blüten entgegen und man kann die kleinen Blüten in aller Ruhe genießen. Ideal

sind solche etwa meterhohen Konstruktionen in der Nähe eines Sitzplatzes, denn vom Klima stellen Sie einen Windschutz dar. Natürlich kann man auch den guten alten Senkgarten wieder aufleben lassen. Dazu wird eine größere Fläche innerhalb des Gartens ausgeschachtet und mit Treppen von allen Seiten zugänglich gemacht. Die einrahmenden Beete sind geradezu ideal für die Miniaturrosen, denn auch hier fällt das Studium leichter, da die Beete den Höhenausgleich zwischen dem normalen Gartenniveau und der Senke darstellen. Hier wachsen die Miniaturrosen besser, da sich die Wärme sammeln kann und sie vor starkem Wind geschützt sind.

'Rosmarin' zählt zu den besten Sorten der Miniaturrosen.

Miniaturrosen auf Balkon und Terrasse

Eine Rose auf Balkon und Terrasse ist ein Traum, denn Rosen gelten als Inbegriff einer schönen Blume. Miniaturrosen lassen sich besonders gut in Gefäßen kultivieren, wenn sie eine gute Pflege, vor allem stetige Wassergaben bekommen. Ein nicht zu verachtender Vorteil der Miniaturrosen gegenüber dem gängigen Balkonpflanzenrepertoire ist die Winterhärte. Mit etwas Schutz und ausreichender Nährstoffversorgung überleben die Rosen viele Winter und schmücken Jahr für Jahr den Balkon oder die Terrasse.

Rosenarrangements in Töpfen

Rosen kommen in Töpfen am besten zur Geltung, wenn man sich auf wenige Sorten beschränkt und auch die Blütenfarben sorgsam aufeinander abstimmt. Vor der Bepflanzung sollte der Standort des Topfes feststehen. Wenn er von allen Seiten begehbar ist, setzt man die Rose ins Zentrum, bei größeren Topfdurchmessern kann man natürlich auch mehrere Rosen setzen. Steht das Gefäß dagegen vor einer Wand, baut man die Gestaltung asymetrisch auf, in der hinteren Hälfte die Rosen und davor einige Begleiter. Bei einer Terrasse kommt man häufig in Versuchung, die Gefäße über die Fläche gleichmäßig zu verteilen, damit quasi überall Blumen sind. Viel spannender ist es allerdings, wenn Sie die Töpfe in zwei bis drei Gruppen zusammenstellen. So gewinnt die Farbwirkung an Intensität und fällt stärker ins Auge. Gleichzeitig erleichtert diese Anordnung die Pflege erheblich.

Wer größere Gefäße verwendet, kann auch Hochstämmchen pflanzen, die durch ihre Höhe eine Gestaltung besser zur Wirkung kommen lassen. Raffiniert wirkt es dabei, wenn man einer Sorte treu bleibt.

Miniaturrosen geben Balkon und Terrasse einen lieblichen Touch.

Sortenname	Blüten
Amulett	kräftiges Rosa, groß, dicht gefüllt, Blütenform, ähnlich einer Pompondahlie, lange haltbar, viele Blüten
Domino	blutrot, gefüllt, edle Form
Goldjuwel	goldgelb, mittelgroß, gefüllt, edel geformt, reichblütig
Mandarin	lachsrosa, nach innen orangegelb, groß, locker gefüllt, innere Blütenblätter kürzer, Blüten in Büscheln
Orange Babyflor	orangerot, groß, gefüllt, rosettenförmig
Pink Babyflor	rosenrot, gefüllt, edle Form
Pink Symphonie	reines Rosa, im Verblühen heller, gut gefüllt, mittelgroß
Schneeküßchen	weiß mit leichtem rosa Hauch, klein gefüllt, gelbe Staubgefäße in der Mitte sichtbar, in Büscheln
Sonnenkind	reines Goldgelb, mittelgroß, gut gefüllt, nach außen gewölbte Blütenblätter
Starina	lachs– bis scharlachrot, mittelgroß, gefüllt, edle Form, haltbar
Zwergenfee	blutrot, mittelgroß, locker gefüllt, haltbar, regenfest

Töpfe – eine ästhetische Frage

Die Klassiker für Balkon und Terrasse sind Tontöpfe. Allerdings sollten Sie für Miniaturrosen unbedingt das Geld investieren und winterharte Gefäße kaufen, sonst müssen Sie damit rechnen, daß der Topf im Frühjahr in Scherben zerfällt. Man kann natürlich auch Plastikgefäße verwenden, allerdings leidet die Optik meistens darunter. Es sei denn, Sie verwenden gute Tonimitate, die auf den

Gußeiserne Vasen geben der Gestaltung mit Miniaturrosen ein nostalgisches Flair.

Gestalten mit Miniaturrosen

'Sonnenkind' eignet sich besonders gut für die Kultur in Töpfen.

Die lachsrosa Blüten der Sorte 'Mandarin' passen gut zum Rostrot von Terrakotta–Töpfen.

ersten Blick nicht erkennen lassen, daß es sich um Kunststoff handelt. Auch Stein-, Holz- und Metallgefäße sind sehr dekorativ. Die Frage der Witterungsbeständigkeit sollte allerdings von Fall zu Fall geklärt sein. Die Höhe des Gefäßes hängt maßgeblich davon ab, ob Sie eine veredelte Rose mit langen Wurzeln gekauft haben oder eine stecklingsvermehrte Rose. Letztere kommen auch in einem Kasten gut zurecht, ohne daß sie einen Mangel erleiden. Für die langen Wurzeln sind die sogenannten 'Long Toms' aus England besonders gut geeignet. Sie bieten den Pflanzen von der Tiefe ausreichend Wurzelraum, allerdings leidet unter den Proportionen von Topf und Pflanze die Standfestigkeit.

Und welche Balkonpflanzen passen dazu?

Grundsätzlich sollten Miniaturrosen nur mit Balkonpflanzen, die sich unterordnen, kombiniert werden. Die Blüten sollten kleiner sein und auch der Wuchs nicht höher als die Rosen, sonst verlieren die Zwerge ihre Wirkung. Besonders hübsch wirken Sommerblumen, die die Tendenz zu einem hängenden Wuchs haben, wie zum Beispiel Husarenknöpfchen *(Sanvitallia procumbens)*, Schneeflöckchen *(Bacopa)* und hängendes Männertreu *(Lobelia erinus)*. Auch Blaues Gänseblümchen *(Brachyscome iberidifolia)*, kleinblumige

Zinnien *(Zinnia angustifolia)* und Spanisches Gänseblümchen *(Erigeron karvinskianus)* bringen die Rosen gut zur Geltung. Als Blattschmuck kann man Efeu *(Hedra helix)*, graulaubige Strohblumen *(Helichrysum petiolaris)* und Currykraut *(Helichrysum angustifolium)* auswählen. Die Farbharmonien der Blüten und Blätter verschaffen den Rosenzwergen immer wieder besondere Geltung. Zu gelben Rosen passen gelbe, weiße oder blaue Blüten, zu rosa und roten Rosen gleichfarbige Balkonblumen oder blaublühende und mit orangefarbenen Sorten harmoniert ebenfalls blau, aber auch gelb und orange wirken hübsch.

Einige Gestaltungsvorschläge für Balkonkästen

Ein gelber Balkonkasten:

Die Miniaturrose 'Sonnenkind' steht im Mittelpunkt. In einen 80 Zentimeter langen Kasten werden vier Pflanzen gesetzt. An die beiden Seiten werden nach außen Husarenknöpfchen *(Sanvitallia procumbens)* gepflanzt. Sie bilden im Laufe des Sommers dichte herabhängende Schleppen. Zwischen den Rosen werden nun abwechselnd weiße Zinien *(Zinnia angustifolia)* und kleines Mutterkraut *(Chrysanthemum parthenium)* gesetzt.

Zusammen mit Husarenknöpfchen (Sanvitalia) *und Kapuzinerkresse* (Tropaeolum peregrinum) *kommt die Sorte 'Goldjuwel' gut zur Geltung. Als Beiwerk schmücken gelblaubiges* Helichrysum *und* Bacopa *mit weißen Blüten diesen Blumenkasten.*

Gestalten mit Miniaturrosen

Schneeflockenblume (Bacopa) *und kleinblumige Zinnien* (Zinnia angustifolia) *sorgen für eine Abkühlung der Stimmung von den feurigroten Miniaturrosen 'Domino' und 'Little Artist'. Dazu hängen die panaschierten Blätter des Mottenkönigs* (Plectranthus) *kaskadenartig herunter.*

Ein pastellfarbener Balkonkasten:

'Baby Masquerade', eine rosa und gelbe Miniaturrose, und 'Teeny Weeny', eine rosa Sorte, bilden das Rosenduo für diesen Kasten in Pastelltönen. Sie werden abwechselnd gepflanzt. An den Ecken läßt man ausreichend Platz für jeweils eine Strohblume *(Helichrysum petiolaris* 'Limelight'*)*, die lange Triebe nach unten bildet, und eine Maurandie *(Asarina barclaiana)* mit lavendelfarbenen Blüten. Es handelt sich hierbei um eine Kletterpflanze, die die Rosen zärtlich umspielt. Zwischen die Rosen werden nun rosa Duftsteinrich *(Lobularia maritima)* und violetter Leberbalsam *(Ageratum)* gepflanzt. Der Duftsteinrich darf ruhig etwas nach vorne gerückt werden, so verdeckt er rasch den vorderen Kastenrand.

Ein weiß-roter Balkonkasten:

'Little Artist' heißt eine der faszinierendsten Miniaturrosen. Ihre einfachen Blüten sind feuerrot und mit weißem Auge gezeichnet. Das Schneeflöckchen *(Bacopa)* paßt geradezu malerisch zu dieser Sorte. Mit rotem Eisenkraut *(Verbena)* kann man den roten Aspekt noch etwas unterstreichen. Die Rosen werden dicht nebeneinander in den Kasten gesetzt und die Schneeflockenblumen herumarrangiert. Von dem Eisenkraut kann man nach belieben ein bis zwei Exemplare an die Ecken des Kastens setzen.

Miniaturrosen in Ampeln

In Ampeln wirken Miniaturrosen wunderschön, vor allem wenn man geflochtene Körbe aus Metall verwendet. Die Sorten, die für den Topf geeignet sind, können auch in die Ampeln gepflanzt werden. Allerdings sollten Sie die Pflanzen niemals austrocknen lassen und auch vor Wind schützen. Mitunter können die Ampeln

Schwachwüchsige Bodendeckerrosen lassen ihre Triebe wie Blütenkaskaden aus der Ampel wachsen.

daher an einem eher halbschattigen Platz besser gedeihen als in der prallen Sonne. Damit die Wurzeln geschützt sind, sollten Gitterkörbe nicht nur von oben bepflanzt werden, sondern auch seitlich. So bildet sich mit Hilfe von hängenden und kletternden Pflanzen eine grüne Kugel mit besonderem Reiz. Als begleitende Kletterpflanzen sind folgende Arten empfehlenswert: Kletternde Kapuzinerkresse *(Tropaeolum peregrinum)*, Maurandie *(Asarina barclaiana)*, Schönranke *(Eccremocarpus scaber)* und Schwarzäugige Susanne *(Thunbergia alata)*. Sie alle haben zarte Rankorgane, so daß für die Rosen nicht die Gefahr besteht, daß sie überwuchert werden.

Rosa ('Pink Symphony') und weiße ('Schneeküßchen') Miniaturrosen stehen im Mittelpunkt der Blumenampel. Dazwischen sind: fliederfarbener Leberbalsam (Ageratum houstonianum), kletternde Maurandien (Asarina barcleiana), silbergraues Helichrysum petiolare 'Microphyllum und violettes Eisenkraut (Verbena rigida).

Gestalten mit Miniaturrosen

Gestalten mit Miniaturrosen

Gestalten mit Miniaturrosen

Miniaturrosen in der Wohnung

Die Zwerge der Rosen haben sich in den letzten Jahren einen festen Platz im Sortiment der Zimmerpflanzen erobert. Ob Sommer oder Winter bekommt man die wunderschönen Blütenpflanzen im Fachhandel angeboten. Diese Topfschönheiten sind stecklingsvermehrt und daher bilden sich kleine Büsche, zusammengesetzt aus mehreren Einzelpflanzen. Sie schenken viel Freude, allerdings muß man sie richtig behandeln, daher an dieser Stelle...

... ein paar Worte zuvor

Rosen stammen aus dem Garten, und daran ändert die Verwendung in der Wohnung nichts, auch wenn diese mittlerweile üblich geworden ist. Miniaturrosen benötigen einen hellen Platz, wenn man sich eine langanhaltende Blütenpracht und gesunde Pflanzen wünscht. Gerade im Winter kann der Lichtfaktor die Lebensdauer stark einschränken, da in dieser Jahreszeit nicht nur die Tageslänge besonders kurz ist, sondern die Sonne zudem extrem flach steht. Ein weiterer wichtiger Standortfaktor,

der im Freiland meist viel leichter gegeben ist, besteht in dem Kleinklima. Die Miniaturrosen benötigen eine ausreichende Luftfeuchtigkeit, damit sie nicht von Spinnmilben und anderen Krankheiten heimgesucht werden. Bei vielen anderen Zimmerpflanzen reicht es aus, die Blätter mit einem Zerstäuber einzunebeln. Die Miniaturrosen vertragen jedoch tropfnasse Blätter weniger gut, so daß man ein optimales Klima am besten durch Wasserschalen, Luftbefeuchter und kleinlaubige Begleitpflanzen mit hoher Verdunstung schafft.

Die Blüte verbraucht Kraft, und im Vergleich zu Rosen in Beeten und solchen in größeren Balkongefäßen steht den Zimmerrosen nur ein sehr kleiner Wurzelraum zur Verfügung. Daher muß man durch Flüssigdünger regelmäßig für Nachschub sorgen. Eine oder zwei Blühphasen überstehen die

Weiße Miniaturrosen schmücken die Wohnung dezent mit Blüten.

Miniaturrosen blühen auch in der Wohnung über viele Wochen hinweg.

sommer. Im Hochsommer kann es den zarten Geschöpfen schnell zu heiß werden, um tatsächlich Kraft zu tanken.

Rosige Fensterbänke

Helle, nicht zu sonnige Fensterbänke haben sich als Dauerstandort für Rosenzwerge bewährt. Hat man die Wahl, ist ein Fenster nach Osten oder Westen dem reinen Südfenster vorzuziehen. Hier kann man wundervolle Gestaltungen mit den Rosen arrangieren und meist reichen ja schon drei Pflanzen aus. Sie sollten hier mit eher neutralen Übertöpfen arbeiten und diese als diplomatischen Vermittler zwischen der Inneneinrichtung und den Rosen ansehen. Es wäre nicht geschickt, hier grob gemusterte Gefäße zu verwenden, und auch bei zarten Blütendarstellungen auf dem Porzellan kann man Schwierigkeiten bekommen. Die kleinblumigen Büsche wirken von sich aus natürlich etwas lieblich und haben einen Touch von Biedermeier. Streifen und Punk-

Büsche bei fürsorglicher Pflege ohne Schwierigkeiten, aber wenn man dann nicht eine Regenerierungsphase einschiebt, wird die Kraft rasch nachlassen. Am besten ist es, die Zimmerrosen einfach einmal für ein paar Wochen ins Freiland zu stellen, besser noch ist es, die Töpfe in die Erde einzugraben. Durch einen kräftigen Rückschnitt können sich in dieser Phase starke Neutriebe bilden. Bilden

sich Knospen, so knipst man diese einmal aus, damit keine Kraft verschwendet wird. Bevor die Töpfe wieder ins Haus geholt werden, sollten die Wurzeln in frische Erde gesetzt werden. Natürlich dürfen die Topfrosen nicht in den Wintermonaten an die frische Luft gesetzt werden, das würde ihnen allerhand Schwierigkeiten bereiten. Ideale Regenerationszeiten sind Spätfrühling und Spät-

Sortenname	Blüten
Absolute Hit	rot gefüllt, duftend
Harmony Parade	zartrosa, gefüllt
Optima Orange	orange–rot, dicht gefüllt, flach geöffnet
Patricia Kordana	innen cremefarben, außen rosa, edel gefüllt
Pure Hit	weiß, gefüllt, duftend
Royal Parade	kräftig rosa, gefüllt
Sunset Parade	leuchtend gelb, gefüllt
Vanilla Kordana	cremeweiß, gefüllt, edle Form

te in nicht zu harten Farbkontrasten und sorgsam auf die Blütenfarben abgestimmt, ergeben eine fröhliche Abwechslung, und doch behält das Arrangement einen festen Zusammenhalt. Innerhalb der Rosengruppe kann man mit den Blütenfarben spielen. Gelb und Orange ergänzen sich, Rot und Rosa und auch Rot mit Gelb und Weiß. Optimale Wirkungen verbreiten die Arrangements, wenn man die Farben abwechselt oder aber eine Farbe einrahmt.

'Royal Parade' hat kräftig rosa gefüllte Blüten.

Dezent aber ungewöhnlich zeigt sich 'Patricia Kordana' mit Blüten, die innen cremefarben sind und außen ein zartes Rosa tragen.

'Pure Hit' – hüsch gefüllte Blüten, die einen wundervollen Duft ins Zimmer bringen.

Begleiter für Miniaturrosen im Zimmer

Die Rosenzwerge sollten immer der Höhepunkt sein, daher passen Grünpflanzen am besten zu den Rosen. Verwenden Sie aber vom Blatt und Wuchs kleine Gewächse. Efeuranken *(Hedera helix)* umspielen die Blüten sehr natürlich. Bei einer weißen Miniaturrose sehen auch die panaschierten Formen dekorativ aus, da sich die Blütenfarbe in den Blättern widerspiegelt. Bubiköpfe *(Soleirolia soleirolii)* stellen einen ruhigen Gegenpol zu den Rosen dar, ebenso wie der Kletterficus *(Ficus pumila)*. Auch der Zierspargel *(Asparagus)* paßt zu den romantischen Rosen, allerdings sollte man die Triebe nicht zu lang und üppig werden lassen, damit die Größenverhältnisse stimmen. Natürlich kann man auch blühende Zimmerpflanzen zu den Miniaturrosen gesellen. Hierbei sollten aber die Blütengröße und -farbe besonders gut auf die Rosen abgestimmt wer-

Die Verwendung als Topfpflanzen hat den Miniaturrosen große Popularität eingebracht.

den, damit sich die Begleiter nicht zu stark in den Vordergrund spielen. Auch das Laub sollte fein und zart sein, damit es nicht die Blütenpracht verdeckt und durch unstimmige Proportionen das Ensemble in seiner Wirkung beeinträchtigt. Das blaue Lieschen *(Exacum affine)* beispielsweise paßt sehr gut zu den Zimmerrosen. Eine weitere Gattung, die vom Stil

und von den Blüten sehr gut zu Miniaturrosen paßt, sind die Glockenblumen *(Campanula)*. Allerdings sollte man möglichst kleinblumige Arten und Sorten auswählen. Ein Jasmin *(Jasminum officinale)*, der an einem Drahtbogen gezogen wird, stellt einen hübschen Rahmen für eine rote oder rosafarbene Miniaturrose dar.

Tischdekorationen

Große Feste stehen ins Haus, und es bleibt natürlich gerade für die letzte Minute immer genügend zu tun. Mit Miniaturrosen in Töpfen kann man die Dekoration schon ein bis zwei Tage zuvor fertigstellen, was bei Schnittblumen immer eine gewisse Schwierigkeit darstellt. Die Miniaturrosen stellt man für solche Zwecke in hübsche Übertöpfe oder Schalen. Wenn es auch etwas rustikaler zugehen darf, kann man sie auch in Körbe setzen. Wählen Sie Blütenfarben, die zum Anlaß oder zur Tischdekoration passen: zur goldenen Hochzeit gelbe Sorten, zur Taufe eines Mädchens rosa Sorten oder bei einem Buben

Eine Tischdekoration mit Miniaturrosen ist nicht nur sehr edel, sondern auch recht praktisch in der Handhabung.

TIP! Anläßlich einer Hochzeit werden rote Miniaturrosen ausgewählt. Sie sind das Symbol der Liebe. Dazu passen andere Symbolpflanzen, wie Rosmarin *(Rosmarinus officinalis)*, Petersilie *(Petroselinum crispum)* und Myrthe *(Myrthus communis)* inhaltlich, wie optisch sehr gut.

weiße Miniaturrosen, die mit blauen Schleifen und blauen Gefäßen geschmückt werden. Auf eine große Tafel stellt man mehrere Gefäße, die in der gleichen Form geschmückt sind. An den Platz der Hauptperson kann man auch eine etwas größere Schale stellen. Für Buffets sollte man nur eine so große Dekoration wählen, daß noch genügend Platz für die Köstlichkeiten bleibt. Hier kann man auch mal Küchenkräuter als Beiwerk verwenden. Roter Basilikum, Kresse und

Schnittlauch passen thematisch gut. Verwenden Sie als Gefäße Körbe, so ist es ganz wichtig, daß diese mit einer Plastikfolie ausgeschlagen werden. So verhindern Sie, daß beim Gießen das Wasser ausläuft. Als Beiwerk kann man für eine Tischdekoration auch verschiedenste Zweige und Ranken verwenden. Efeuranken zeichnen sich beispielsweise durch sehr gute Haltbarkeit aus. Seitlich steckt man längere Triebe so in die Gefäße, daß sie wie Schleppen auf dem Tisch liegen. Zum Betrachter hin allerdings sollte man kürzere Triebe nehmen. Im Frühling kommen frisch ausgetriebene Birkenzweige gut zur Geltung, da sie der Dekoration eine frische Note verleihen. Zum Abdecken der Ränder kann man kleine Büschel vom Buchsbaum verwenden. Das immergrüne Laub paßt gut zu den Rosenblättern und bleibt stets im Hintergrund.

Statt eines Blumenstraußes

Miniaturrosen ersetzen einen Blumenstrauß. Ob rote Rosen zum Valentinstag oder eine kleine gelbe Sorte als Mitbringsel, die Freude währt in jedem Fall länger als bei einem Blumenstrauß. Sie können den Topf mit einer kleinen, selbst geschriebenen Pflegeanleitung und einer farbigen Manschette versehen und der Erfolg wird Ihnen gewiß sein. Hübsch ist es auch, wenn man bei der Farbe der Blüten einen Bezug zur Blumensprache aussucht. Gelbe Rosen stehen für das Glück der Liebe, rote

symbolisieren die reine Liebe. Weiß ist die Farbe der Unschuld. So bekommt das kleine Geschenk eine tiefsinnige Bedeutung, die sich mit der Hilfe der Pflanzen leicht ausdrücken läßt. Auch wenn Sie mal eine Zwergrose im Topf geschenkt bekommen, so können Sie den Versuch machen, diese Pflanzen an einem sonnigen, geschützten Platz auszupflanzen, entsprechend der Pflanzanleitung. Ideal dafür ist das zeitige Frühjahr oder der späte

Sommer. Allerdings sollten die Rosen abgeschnitten werden, damit sie nochmals kräftig durchtreiben können. Wichtig ist, daß die Pflanzen vor dem Winter abgehärtet und bei Frost gut abgedeckt werden, denn nicht immer sind die Sorten, die für das Zimmer angeboten werden, so winterhart wie die Sorten für das Freiland. Aber unter Umständen gelingt das Experiment und Sie haben noch viele Jahre Freude an dem kleinen Geschenk.

Ein Rosenzwerg ersetzt den Blumenstrauß als Mitbringsel und schenkt gewiß lange Zeit Freude.

Gestalten mit Miniaturrosen

Gärtnern mit Miniaturrosen

Die kleinen Schwestern der Königin der Blumen kann jeder leicht in seinem Garten, auf dem Balkon oder auf der Fensterbank heranziehen. Wenige gärtnerische Grundkenntnisse reichen schon aus, um viele schöne Blüten als Erfolg ernten zu können. Allerdings gibt es auch einige Details, die bei Miniaturrosen anders sind, als man es vielleicht von den Gartenrosen kennt. Daher lesen Sie im folgenden alles Wissenswerte über Zwergrosen: vom Einkauf bis zur Schädlingsbekämpfung und der eigenen Vermehrung.

Sorgfältige Bodenvorbereitung und Pflanzung sind das A und O für gesunde und kräftige Miniaturrosen im Garten, wie diese 'Zwergkönigin 78'.

Die Bodenvorbereitung

Vor der Pflanzung sollte der Boden gut vorbereitet werden. Das bedeutet zum einen, daß man alle Unkräuter gründlich entfernt. Bei Wurzelunkräutern muß man dafür auch mal etwas in die Tiefe gehen, denn bleiben auch nur Zentimeter große Stücke von Quecken-, Giersch- oder Windenwurzeln im Boden, macht die ganze Mühe keinen Sinn und die kleinen Kostbarkeiten haben schlechte Chancen, sich gegen den Wildwuchs durchzusetzen. Wichtig ist für die Pflanzen ein mittelschwerer, durchlässiger Boden. Zudem gedeihen sie am besten bei einem neutralen pH-Wert. Daher sollte man dafür sorgen, daß die Miniaturrosen diese Verhältnisse vorfinden. Wenn die Grundvoraussetzungen alle erfüllt sind, reicht es meist aus, den Boden zu lockern und die Fläche glatt zu rechen. Anderenfalls sollten Sie mit verschiedenen Stoffen den Boden verbessern. Kies, Sand und Splitt mischt man unter den Gartenboden, wenn er zu schwer ist. Zudem sollte man reichlich Humus einarbeiten, zum Beispiel Komposterde oder Rindenkompost, damit das Gefüge seine Struktur anhaltend verbessert. Dieses ist auch notwendig, wenn man einen eher lockeren, also sandigen Boden hat. Außerdem kann man ein

Urgesteinsmehl ausbringen, daß die Eigenschaften des Sandbodens ausgleicht. Mit Hilfe der organischen Stoffe wird gleichzeitig der pH-Wert des Bodens gesenkt. Um einen sauren Boden aufzubessern, verwendet man Kalk. Außerdem kann man organischen Dünger, wie Stallmist, Guano oder Pferdemist einarbeiten, um den Miniaturrosen einen guten Startschuß zu geben. Wichtig ist bei all diesen Arbeiten, daß man nicht

Den pH-Wert testen

Der pH-Wert des Gartenbodens kann mit Hilfe eines einfachen Tests, der im Fachhandel erhältlich ist, festgestellt werden. Dazu wird zunächst Erde von verschiedenen Stellen im Beet in einen Eimer gegeben und kräftig durchgemischt. Nun

füllt man etwas Erde ab, gibt destilliertes Wasser dazu und eine Testtablette. Nachdem das Gemisch gut durchgeschüttelt ist und sich die Erde abgesetzt hat, kann man anhand der Farbe des Wassers und einer vergleichenden Farbskala auf der Packung den pH-Wert ermitteln.

zu häufig auf das Beet tritt, andernfalls wird die gerade gelockerte Erde wieder verdichtet. Gerade wenn der Boden

feucht ist, kann alle Mühe umsonst sein. Als Hilfsmittel können Sie eine lange Holzlatte auf das Beet legen während der Arbeiten. Oder Sie legen einige Trittsteine in das Beet und beziehen diese dauerhaft mit in die Gestaltung ein. Am besten verwenden Sie Restplatten von der Terrasse oder dem Gartenweg. Dieses Material fügt sich dann leicht in die Umgebung des Gartens ein. So fallen dann auch spätere Pflegemaßnahmen wie Düngung, Rückschnitt oder Winterschutz viel leichter.

Die Qualitäten des Bodens kann man ganz leicht selbst überprüfen. Testsets wie diese für die Nährstoffgehalte und den pH-Wert bekommen Sie im Fachhandel.

Gärtnern mit Miniaturrosen

Die Pflanzung

An der Stelle, wo eine Miniaturrose gepflanzt werden soll, muß ein ausreichend großes Pflanzloch ausgehoben werden. Dabei ist es von Vorteil, wenn man den Boden des Loches mit dem Spaten zusätzlich noch einmal lockert und vielleicht mit etwas Kompost vermischt. Die Tiefe hängt von dem eingekauften Material ab. Wenn die Miniaturrosen veredelt sind, haben sie meist eine lange Wurzel, die entsprechende Tiefe verlangt. Bei einer stecklingsvermehrten Miniaturrose reicht ein Pflanzloch von 10 bis 15 Zentimetern meistens aus. Für das optimale Anwachsen füllt man das Pflanzloch zunächst zwei bis drei Mal mit Wasser. Es dauert etwas bis das Wasser versickert ist, aber so stellt man die Versorgung mit dem Lebenselexir in der Anwachsphase sicher. Sind die Miniaturrosen in Töpfen, so schneidet man das Gefäß auf oder klopft den Ballen vorsichtig heraus. Wichtig ist, daß die Wurzeln nicht beschädigt

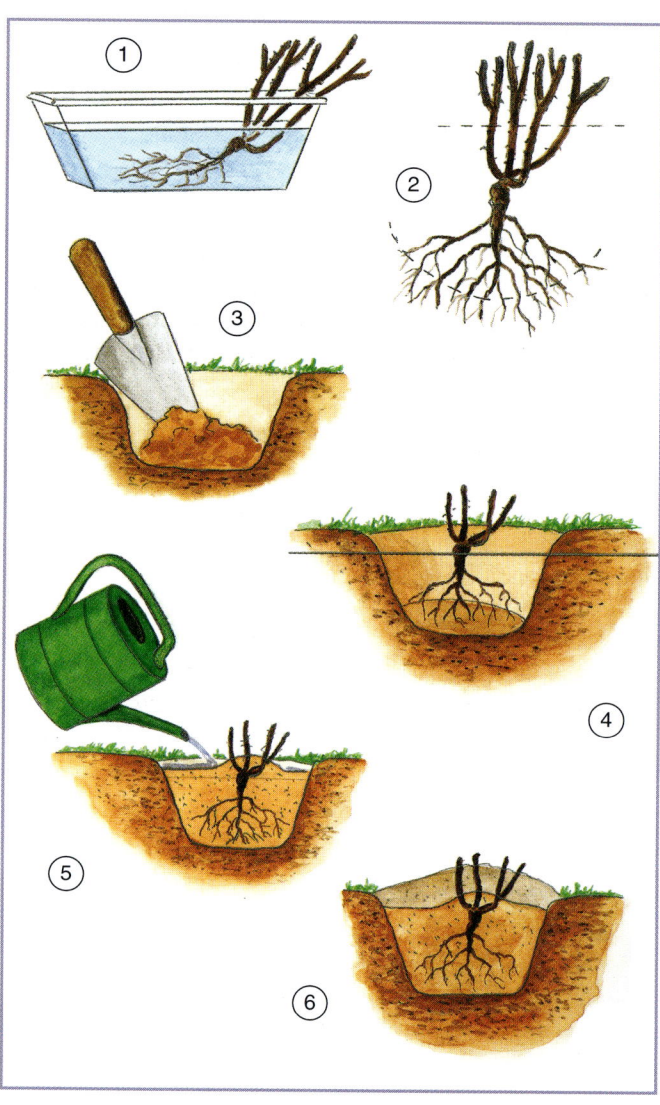

1. Die Rosen in einem Eimer wässern. 2. Der Pflanzschnitt: Triebe und Wurzeln werden eingekürzt. 3. Das Pflanzloch großzügig ausheben und den Grund lockern. Dabei Kompost und Dünger einarbeiten. 4. Die Rose in das Pflanzloch setzen und Erde auffüllen. 5. Einen Gießrand in den oberen fünf Zentimetern der Pflanzstelle formen und die Rose gut angießen. 6. Zum Winter sollten die Rosen mit Mulch oder reifem Kompost angehäufelt werden.

Rosenmüdigkeit

Wo eine Rose gestanden hat, sollte nicht gleich wieder eine gesetzt werden, denn der Boden ist ausgelaugt. Der Fachmann nennt dieses Phänomen „Rosenmüdigkeit". Wenn es nicht anders geht, muß die Erde großzügig und tief abgetragen werden und neue Gartenerde eingefüllt werden. Die „müde" Erde kann an anderer Stelle problemlos eingesetzt werden, beispielsweise im Stauden- oder Nutzgarten, vorausgesetzt es sollen keine Pflanzen aus der Familie der Rosengewächse (z. B. Erdbeeren, Himbeeren, Ebereschen, Birne, Zierquitten) darauf wachsen.

werden. Anschließend kann man den Ballen lockern, um das Anwachsen zu erleichtern. Bei wurzelnackter Ware kann man die längsten Wurzeln einkürzen. Dazu verwendet man eine scharfe Schere. Allerdings sollte man vermeiden, daß die kräftige Pfahlwurzel beschädigt wird, also nur die Faserwurzeln einkürzen. Auf Wunsch bittet man den Gärtner, bei dem man die Pflanzen kauft, einen Pflanzschnitt durchzuführen. Nun hält man die Pflanze in das vorbereitete Loch und füllt nach und nach den Aushub um die Rosenwurzel. Zwischendurch die Erde mit Wasser einschlämmen, damit sich keine Luftlöcher bilden. Die Pflanze muß so tief sitzen, daß der Wurzelhals mit Erde bedeckt ist. Die Veredlungsstelle sollte dicht über der Oberfläche sitzen. Zum Schluß wird die Rose mit beiden Händen kräftig angedrückt und mit Hilfe eines kleinen Gießrandes kann man die einzelnen Exemplare ganz gezielt in den nächsten Wochen gießen, bevor man nach spätestens drei Wochen eine Mulchdecke ausbringt. Entsprechend der Anleitung für die Pflanzung können Sie die Miniaturrosen auch umpflanzen, wenn der Standort nicht optimal ist. Dies erkennen Sie daran, daß die Pflanze anfällig ist für Krankheiten und nicht zu Ihrer Zufriedenheit gedeiht. Der ideale Zeitpunkt für diese Arbeiten ist der späte Herbst, denn wie auch andere Rosen befinden sich die Zwerge nun in der Ruhephase, und der Eingriff stört sie nur wenig. Wichtig ist, daß die Witterung frostfrei ist. Die Pflanzen werden dazu mit einer Grabegabel vorsichtig aus der Erde gehoben. Die Wurzeln sollten möglichst unbeschädigt bleiben. Daher immer genügend Abstand zu der Pflanze halten und auch von unten versuchen, die Wurzeln, die in die Tiefe gewachsen sind, sanft aus dem Erdreich zu graben. Beschädigte Wurzeln müssen unbedingt mit einer Schere sauber abgeschnitten werden. Auch lange Wurzeln schneidet man besser ab, damit sie beim Pflanzen nicht umgeknickt werden. Wenn die Pflanzen aber einige Tage liegen bleiben, bis das Beet wieder neu gerichtet ist, so schlägt man die Pflanzen locker in Erde ein, indem man Wurzelkörper und den Übergang zu den Trieben mit Gartenerde bedeckt. So kann auch bei plötzlich eintretendem Nachtfrost nichts passieren.

Miniaturrosen in Töpfen

Wer Miniaturrosen für die Wohnung kauft, bekommt sie meist beim Blumenhändler. Die Pflanzen werden blühend angeboten und sind meist auch frisch gedüngt. Sie müssen in der Regel nicht umgetopft werden. Allerdings sollte man die wachsenden Pflanzen mit Flüssigdünger regelmäßig (wöchentlich) düngen. Wenn die Pflanzen in kleinen Töpfen stehen, aber kräftig wachsen, ist anzuraten, diese in größere Gefäße umzutopfen.

Miniaturrosen, die in Balkonkästen oder Tongefäßen auf der Terrasse stehen, sollten regelmäßig im Frühjahr umgetopft werden. Meist brauchen sie keinen größeren Topf, sondern lediglich frische Erde. Dazu nimmt man die Wurzelballen vorsichtig aus der Erde, und klopft die Erde vorsichtig ab. Bevor sie wieder gepflanzt werden, schneidet man die langen Wurzeln zurück. So wird auch das Wurzelwachstum angeregt.

Der neue Topf sollte etwas größer sein, damit der Wurzelballen von frischer, nährstoffreicher Erde umgeben ist.

Miniaturrosen im Zimmer sollten nach zwei Blühphasen umgetopft werden.

Tips für den Einkauf

Miniaturrosen erhält man in speziellen Rosenbaumschulen, Gartencentern und den örtlichen Baumschulen. Man unterscheidet zwischen Topfware, die einen festen Ballen hat, und wurzelnackter Ware. Diese ist auf einem Feld herangezogen worden und daher recht robust. Allerdings sollten diese Pflanzen sofort nach dem Einkauf gründlich gewässert werden, und wenn man noch ein paar Tage warten will bis zur endgültigen Pflanzung, sollte man sie unbedingt im Garten an einem geschützten Eckchen einschlagen. Die Wurzeln müssen ganz mit Erde bedeckt sein. Diese Ware erhält man in der Regel nur im Herbst und Frühjahr, wenn sich die Rosenstöcke in einer Ruhephase befinden. Die sogenannte Containerware im Topf bekommt man zu allen Jahreszeiten und kann sie auch immer pflanzen. Bei Hitze allerdings sollte man beim Transport darauf achten, daß die Pflanzen keinen Schaden nehmen und zudem berücksichtigen, daß die frisch gepflanzte Ware ausreichend gewässert wird.

Das richtige Substrat

Für die Topfrosen sollte man sich eine hochwertige Blumenerde, zum Beispiel TKS 2, kaufen. Diese Erde enthält Nährstoffe und ist von der Struktur her stabil. So kann man die Pflanzen getrost ein Jahr darin wachsen lassen. Der ideale Zeitpunkt für das Umtopfen ist das Frühjahr. Wenn die Pflanzen über den Sommer zu groß geworden sind, kann man sie auch noch im September umtopfen. Spätere Zeitpunkte sind allerdings ungünstig, weil das Wachstum im Herbst stagniert und die Wurzeln anderenfalls zu naß stehen. Für Miniaturrosen in Balkongefäßen kann man zwar auch eine Blumenerde verwenden, meist ist aber das Wachstum kräftiger und die Pflanzen gesünder, wenn sie in eine spezielle Kübelpflanzenerde gesetzt werden. Diese sollte vor allem grobe Bestandteile enthalten und reich an Humus sein. Man kann sich eine solche Erde auch selbst mischen. Dazu nimmt man eine Hälfte Gartenerde, ein Viertel reifen, abgelagerten Kompost oder Lauberde und ein Viertel Bims, Splitt und oder Sand. Als Dünger kann man entsprechend der Menge einen Depotdünger untermischen, der die Pflanzen für die nächsten Wochen versorgt. Meist reicht ein solcher Langzeitdünger zehn Wochen, allerdings wird er bei anhaltender Wärme schneller verbraucht.

Ein guter Topf

Ob Tontöpfe oder Plastiktöpfe besser sind, darüber streiten sich selbst die Gelehrten immer wieder. Zweifelsohne hat jeder Topf seine Vorteile, und wenn man mit diesen vertraut ist, dann wird man selbst schnell zu einer Lösung kommen. Der Plastiktopf ist leicht und hält die Feuchtigkeit recht gut. Daher sollte man die Pflanzen nur mäßig gießen und die Erde immer wieder abtrocknen lassen, damit die Wurzeln nicht zu naß stehen. Von der ästhetischen Seite bietet der Plastiktopf zwar einige Nachteile, aber innerhalb der Wohnung verwendet man ohnehin meistens Übertöpfe oder Körbe, um die Pflanzen in Szene zu setzen. Der Tontopf dagegen läßt die Erde nicht nur besser abtrocknen, sondern verdunstet auch über die porösen Außenwände des Gefäßes viel Feuchtigkeit. Dies wirkt sich positiv auf das Kleinklima um die Rose aus, und sorgt auch für eine gute Durchlüftung des Bodens. Einen Übertopf ersetzt der Tontopf nicht. Auf dem Balkon sollte man bei der Verwendung von Plastikgefäßen beachten, daß sich braune und schwarze Gefäße in der Sommersonne rasch aufheizen, so daß die Wurzeln verbrennen. Wenn Sie dekorative Gefäße aus Eisen, Holz oder Terrakotta verwenden, so müssen auch diese Töpfe einen guten Wasserabzug haben, vor allem wenn sie unter freiem Himmel aufgestellt werden. Andernfalls kommt es bei stärkeren Regenfällen immer wieder zu Staunässe, die den Miniaturrosen schwer zu schaffen macht, da die Wurzeln rasch faulen.

Regelmäßige Düngung ist die Grundlage für einen rosigen Sommer im Topfgarten.

Die Pflege

Düngung

Eine ausgewogene Nährstoffversorgung gehört zu den Grundlagen für den Erfolg mit Miniaturrosen. Dünger setzen sich dabei aus verschiedenen Nährstoffen zusammen. Stickstoff ist wichtig für die Blattbildung, allerdings muß es in einem optimalen Verhältnis zu Phosphor, das für die Blüten- und Wurzelbildung zuständig ist, und Kalium, bedeutsam für die Widerstands-

fähigkeit und das Ausreifen der Triebe im Herbst, stehen. Grundsätzlich sollte man nicht den Fehler begehen und meinen, daß die Miniaturrosen aufgrund ihrer geringeren Größe weniger Dünger benötigen. Halten Sie sich immer an die Empfehlung auf der Packung. Wenn Sie Zweifel haben, können Sie weniger, dafür aber öfter düngen, um eine Überdüngung zu vermeiden.

Bei den Präparaten unterscheidet man zwischen organischen und

mineralischen Mitteln. Die organischen, zum Beispiel Mist, Hornspäne, Blut- oder Knochenmehl und Guano, haben den Vorteil, daß sie langsam im Boden umgesetzt werden. Für die Frühjahrsdüngung ist es dabei allerdings wichtig, daß man bereits einige Wochen vor dem Austrieb die Präparate ausbringt und in die Erdoberfläche einarbeitet, damit zum Austrieb die optimale Versorgung sichergestellt ist. Als ideal hat sich folgende Methode erwiesen: Man bringt im Herbst als Winterschutz eine Schicht Laub und darüber Blutmehl aus, so daß im Frühjahr ausreichend Nährstoffe zur Verfügung stehen. Im Frühjahr, wenn die Knospen zum Austrieb ansetzen und schwellen, düngt man dann mit Hornspänen.

Mineralische Dünger sind sofort verfügbar und werden erst ausgebracht, wenn die ersten Blättchen zu sehen sind. Bei einer verfrühten Ausbringung werden die Nährstoffe ausgewaschen, so daß sie ungenutzt das Grundwasser belasten.

Um eine optimale Versorgung sicherzustellen, kann man auch Kombinationsprodukte, sogenannte organisch-mineralische Dünger, verwenden. Spurenelemente sind zwar nur in geringer Dosierung von Bedeutung, aber man sollte diese Stoffe in ihrer Wirkung nicht verachten. Gerade was die Widerstandsfähigkeit betrifft, können Spurenelemente viel Positives leisten. Eine gute Mischung der notwendigen Spurenele-

mente enthalten Algenpräparate. Sie sollten zusätzlich regelmäßig gegeben werden. Bei Topfpflanzen verwendet man entweder Flüssigdünger oder aber Langzeitdünger, damit die Nährstoffversorgung kontinuierlich sichergestellt wird. Allerdings sollten Sie unbedingt auch mit Algenpräparaten arbeiten, um die Pflanzen zu stärken.

Beachten Sie bitte, daß frische Blumenerde aus dem Fachhandel bereits alle notwendigen Nährstoffe enthält. Nach dem Umtopfen müssen also keine zusätzlichen Nährstoffe gegeben werden. Erst nach etwa sechs Wochen nach dem Topfen beginnt man mit der Düngung, bei einem hochwertigen Substrat mit Langzeitdünger sogar erst nach gut zwei Monaten. Andernfalls zeigen die Pflanzen rasch Symptome, die für eine Überdüngung typisch sind. Sie verbrennen leicht in der Mittagshitze beziehungsweise welken, obwohl die Erde feucht ist. Durch zu hohe Stickstoffgaben verfärbt sich das

Laub dunkelgrün, der Knospenansatz wird schwächer und die Blätter sind relativ groß.

Außerdem werden die Miniaturrosen durch einen Fehler in der Düngung anfälliger für Pilzkrankheiten und Schaderreger. Sollten Sie versehentlich eine zu hohe Dosis von einem Dünger verwendet haben, so müssen Sie entweder die Erde komplett auswechseln oder aber die Töpfe reichlich gießen, so daß das Wasser durch das Substrat fließt und die überschüssigen Nährstoffe herausspült. Außerdem sollten die Miniaturrosen in dieser Zeit nicht in der prallen Sonne stehen, sondern lieber einige Tage an einem schattigen Standort stehen.

Gärtnern mit Miniaturrosen

Schnittmaßnahmen

Blütenreiche und vitale Miniaturrosen sind das Ergebnis von einem sorgsamen Rückschnitt. Der ideale Zeitpunkt ist das Frühjahr. Es sollte ein trockener, frostfreier Tag sein, und die Anzeichen für das Einsetzen des Wachstums sollten deutlich sein. Spätfröste schädigen die Triebe nicht, allerdings kann der wachsende Neutrieb in Mitleidenschaft gezogen werden. Sie sollten auf jeden Fall eine scharfe Schere verwenden. Da der Rückschnitt bei den Zwergen eine recht diffizile Sache ist, da die Pflanzen klein und dicht sind, sollte man sich zunächst einmal einen guten Einblick in die Pflanze verschaffen. Dazu schneidet man die langen Triebe zurück. Nun erkennt man gut, die unterschiedlichen Formen des Astwerks: alte, knorrige Triebe, kräftige junge und schwache. Bis auf die kräftigen schneidet man alles an der Basis zurück. Ebenso muß man verletzte und kranke Triebe entfernen. Bis auf welche Höhe die kräftigen Triebe eingekürzt werden, hängt davon ab, wie hoch der kleine Rosenbusch wachsen soll. Am besten läßt man die Triebe etwas länger, so kann man das Wachstum später noch korrigieren. Die Spitzen dieser Triebe werden leicht schräg angeschnitten, und zwar über einem Auge, das nach außen gerichtet ist.

So bekommt der Busch einen lockeren Aufbau und die Austriebe können sich nicht gegenseitig behindern. Nach zwei bis drei Monaten sitzen die Büsche dann voller Knospen. Wer auf einen Rückschnitt verzichtet, wird bald merken, daß die Blühfreudigkeit abnimmt und die Miniaturrosen vergreisen. Natürlich schneidet man auch die verblühten Blütenstände ab, damit der Busch ansehnlich bleibt. Dabei sollte nicht nur der obere Bereich des Blütenstandes selbst entfernt, sondern der Trieb oberhalb des zweiten Blattpaares abgeschnitten werden. Auf diese Art und Weise verdecken die benachbarten Triebe und das Blattwerk die Schnittstelle und der Neuaustrieb wird angeregt. Da die Miniaturrosen recht klein und zart sind, verwendet man am besten eine Schere, wie sie auch von Bonsaigärtnern verwendet wird, damit man nicht versehentlich die anderen Triebe beschädigt.

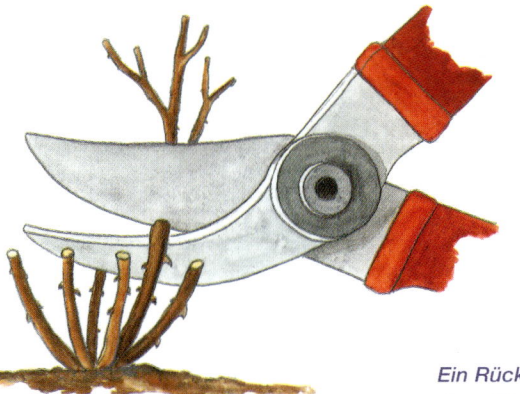

Ein Rückschnitt fördert die Bildung neuer, kräftiger Triebe und einen dichten Knospenansatz.

Winterschutz

Man weiß nie, wie der Winter wird, und so sollte man vorsorglich auch für Miniaturrosen Winterschutz ausbringen, auch wenn sie häufig als sehr winterhart gelten. Dazu kann man eine Mulchdecke aus Komposterde und Laub ausbringen und diese mit Tannen- oder Fichtenreisig abdecken, damit sie nicht weggeweht wird. Außerdem werden durch die Zweige die Triebe mit den Knospen vor starker Sonneneinstrahlung und Erwärmung geschützt. Anderenfalls kann es nämlich dazu kommen, daß die Knospen frühzeitig treiben und vom nächsten Frost beschädigt werden.

Grundsätzlich sollte man auch beachten, daß die Miniaturrosen Ende August das letzte Mal für die Saison gedüngt werden, damit die Triebe ausreifen können und winterfest sind. Außerdem gießt man im späten Herbst die Pflanzen nochmals, damit die Rosen nicht zu trocken stehen und während des Win-ters bei Wind und geringer Luftfeuchtigkeit nicht vertrocknen.

Die Rosen, die im Sommer Balkon und Terrasse geschmückt haben, sollten möglichst geschützt aufgestellt werden, beispielsweise in der Nähe der Hauswand. Vor den ersten Frösten gießt man sie nochmals kräftig und stülpt dann einen Pappkarton oder Styropor über die Pflanzen. Sie können auch eine Strohmatte davor stellen. So werden scharfer Wind, starke Sonneneinstrahlung und Frost abgewehrt. Bei milder Witterung kann man die Schutzhüllen öffnen und die Pflanzen etwas belüften. Ist der Wurzelballen nicht gefroren, unbedingt die Feuchtigkeit kontrollieren und gegebenenfalls gießen.

Etwas aufwendiger ist der Winterschutz für Hochstämmchen. Die Veredlungsstelle liegt nämlich unterhalb der Krone und muß vor Austrocknung, Wind und Frost besonders gut geschützt werden. Grundsätzlich sind luftundurchlässige Materialien wie Plastikbeutel tabu, denn sonst machen sich die verschiedensten Pilze über das Astwerk her. Besser sind Vliesfolien oder Sackleinen. Diese werden bei der einfachen Art des Winterschutzes, die besonders bei älteren Exemplaren zu empfehlen ist, über die Krone gestülpt und mit einer Schnur befestigt. Außerdem umwickelt man den Stamm, damit er vor starker Sonneneinstrahlung geschützt ist. Die starken Temperaturschwankungen zwischen Tag und Nacht im Winter bringen nämlich die Rinde zum Platzen und dadurch entstehen Eintrittspforten für Krankheitserreger. Bei jungen Hochstämmchen bietet es sich an, die Krone ebenfalls einzupacken und den weichen Stamm vorsichtig auf die Erde zu biegen. Mit Eisenhacken befestigt man den Stamm in der Erde. Natürlich immer etwas Sackleinen zwischen Stamm und Haken legen, damit keine Scheuerstellen entstehen. Nun wird alles mit Fichtenreisig und Herbstgut abgedeckt, um vor Frost und Stürmen besonders gut zu schützen.

Mulchen

Das A und O für das gesunde Wachstum der Zwergrosen im Garten ist ein Boden, der intakt ist. Das bedeutet vor allem, daß das Bodenleben, das sogenannte Edaphon, aktiv ist und dadurch nicht nur organische Pflanzenreste in wertvolle Nährstoffe, die die Rosen verwerten können, verwandelt, sondern auch für eine optimale Struktur und Durchlüftung des Bodens sorgt. Die Mulchdecke, die man im Herbst oder Frühjahr ausbringt, ist eine besondere Hilfe, den Boden immer in Schuß zu halten. Dabei wirkt der Mulch sehr vielfältig. Zunächst sorgt die Decke aus organischem Material dafür, daß die obere Bodenschicht nicht zu schnell austrocknet und verhindert auch, daß das Bodenleben durch das einfallende Sonnenlicht, insbesondere die UV-Strahlung, abgetötet wird. Weiterhin verhindert die Mulchdecke, das Auflaufen von Unkrautsaat. Durch die reichliche Stoffzufuhr bekommen die Organismen im

Rindenmulch schützt den Boden vor Sonneneinstrahlung und Austrocknung.

Boden jede Menge Nahrung, wodurch wiederum die Temperatur im Boden erhöht und das Wurzelwachstum positiv beeinflußt wird. Da sich durch die Umsetzungsprozesse Boden und Mulch immer stärker vermischen, wird die Bodenstruktur gelockert und das Verhältnis von groben Poren, die

Eine Mulchdecke aus Brennesseln stärkt die kleinen Rosen.

Mulchmaterialien:

Gehäckselte Stauden-
reste, Gemisch aus Laub
und Rasenschnitt,
Häcksel aus Heilpflanzen
(Salbei, Brennessel, Beinwell, Lavendel), reife
Komposterde, feiner Rin-
denmulch, Stroh, Zei-
tungspapier, Pappe,
spezieller Rosenmulch.

Häcksel fällt nach dem Strauchschnitt im Garten regelmäßig
an und kann als Mulchdecke gut verwendet werden.

Luft führen, und feinen
Poren, die Wasser spei-
chern, ausgeglichen. Die
lockere Struktur hat
außerdem zur Folge, daß
man Unkräuter leicht zie-
hen kann. Zudem erhöht
sich allmählich der Nähr-
stoffgehalt des Bodens,
was das Wachstum der
Rosen fördert.
Die Flächen zwischen
den Rosen sollten daher
unbedingt immer mit ei-
ner Mulchdecke von eini-
gen Zentimetern abge-
deckt werden. Am besten
bringt man nach der
Pflanzung der Zwergro-
sen eine mehrere Zenti-
meter dicke Schicht aus.
Im Spätherbst erneuert
man die Mulchdecke,
denn nun stellt sie
gleichzeitig einen Winterschutz dar. Im Frühjahr
wird sie dann in den Bo-
den eingearbeitet, die

Rosen werden gedüngt
und abschließend wird
wieder eine neue Schicht
ausgebracht. So ergibt
sich ein Rhythmus für
diese nützliche Pflege-
maßnahme. Wenn die
Rosen kränkeln und im
Sommer vom Sternrußtau
befallen waren, so sollte
man die restliche Mulch-
decke im Spätherbst ab-
rechen, denn so verhin-
dert man, daß die Pilz-

sporen im Boden über-
wintern und den jungen
Blattaustrieb wieder be-
fallen. Wachsen die Ro-
sen nicht zu ihrer Zufriedenheit, so kann man ei-
nen speziellen Mulch-
cocktail mit Heilpflanzen
herstellen, die Boden und
Pflanzen stärken. Beson-
ders gut eignen sich
Salbei, Lavendel, Bein-
well und Brennessel für
diesen stärkenden Mulch.

Gärtnern mit Miniaturrosen

Die Pflanzen stärken

Krankheiten an Miniaturrosen sind eigentlich kaum zu vermeiden. Im Grunde hat das auch Vorteile, denn nur wenn die Schädlinge und Krankheitserreger auftreten, kann sich ein Abwehrgefüge bei den Pflanzen bilden. Wichtig ist allerdings, daß man seine Blütenschönheiten stärkt und einen allzu kräftigen Befall vermeidet. Zur Stärkung sind vor allem Brühen, Tees und Jauchen zu empfehlen. Dazu werden bestimmte Heilkräuter wie Brennessel, Beinwell, Schachtelhalm und Rainfarn mit heißem Wasser aufgekocht, übergossen beziehungsweise der Sud vergoren. Die Verdünnung dieser Mittel wird über die Pflanzen gegossen und so bekommt jede Miniaturrose viel Kraft, um den Schädlingen zu trotzen. Außerdem werden den Rosen Nährstoffe zugeführt. Grundsätzlich sollte man jede Krankheit an der Miniaturrose als Hinweis darauf sehen, daß etwas falsch gemacht worden ist. Starke Stickstoffdüngung, Trockenheit, ein zugiger Standort oder ein verdichteter Boden sind meist die Ursachen für die Anfälligkeit. Deshalb sollte man, bevor man zu Giften greift, die Lebensbedingungen untersuchen und ändern.

Krankheiten und Schädlinge

Miniaturrosen gelten häufig als anfällig. Allerdings muß man dazu sagen, daß die Pflanzen bei intensiver Pflege nicht unbedingt schwieriger sind als die großen Schwestern. Ganz wichtig ist, daß man die kleinen Büsche beim Wässern nicht von oben besprüht, sondern das Wasser direkt auf die Wurzeln gießt. So kann bereits vorbeugend viel gegen eine starke Ausbreitung von Krankheiten getan werden.

Die häufigsten tierischen Schädlinge sind die **Blattläuse**. Sie bevölkern vor allem die zarten Triebspitzen. Sitzen diese saugenden Insekten dicht beieinander, so sollte man sie abschneiden und die Büsche mit einer Schmierseifenlösung spritzen. Bei Topfrosen sollte man unbedingt den Standort auf Zugluft überprüfen.

Spinnmilben sitzen meist auf der Blattunterseite. Erste Anzeichen für einen Befall sind Gespinste an den Blättern. Bei heißem, trockenem Wetter treten Spinnmilben vermehrt auf, ebenso bei trockener Heizungsluft in der Wohnung. Zur Bekämpfung duscht man die Pflanzen gründlich von unten ab. Da man immer wieder ein Blättchen übersieht, sollte dieser Vorgang mehrmals wiederholt werden. Gut ist auch ein Plastikbeutel, den man über die Büsche stülpt. Durch die erhöhte Luftfeuchtigkeit werden die Insekten bekämpft.

Der **Sternrußtau** gehört zu den gefürchteten Pilzkrankheiten eines jeden Rosengärtners. Schwarze, unregelmäßige Flecken auf den Blättern, die einem Stern ähneln, sind das untrügliche Zeichen für einen Befall. Später fällt das Laub ab, die Pflanze stirbt aber nicht ab. Wenn man die ersten Flecken sieht, ist der Krankheitsverlauf kaum zu bremsen. Am besten entfernt man das Laub, damit sich keine Infektionsherde bilden und schützt den Neuaustrieb bereits früh durch vorbeugende Spritzungen.

Ein weißer Belag auf Blättern und Trieben ist das untrügliche Zeichen für einen **Mehltau**-Befall. Trockenheit und Hitze begünstigen diesen Pilz. Zum einen sollte man diese Bedingungen verhindern, zum anderen die befallenen Pflanzenteile entfernen. Mit Hilfe von Rainfarnauszügen kann man den Pilz schonend bekämpfen.

Rosenrost erkennt man an kleinen orangefarbenen Pusteln auf der Blattunterseite. Dieses sind die Sporenlager, die der Ausbreitung dienen, daher sollte man Blätter mit diesem Schadbild so schnell wie möglich entfernen. Eine unausgewogene Ernährung begünstigt den Pilz, so daß man darauf achten sollte, daß die Pflanzen ausreichend Nährstoffe bekommen.

Spritzmittel

Gesunde Miniaturrosen fördert man durch Pflanzenstärkung, einen optimalen Standort und eine ausgewogene Nährstoffversorgung. Allerdings kann es immer mal sein, daß Krankheiten und Schädlinge auftreten. Hierbei sollte man dann so früh wie möglich mit der Bekämpfung beginnen, insofern man den Einsatz von Spritzmitteln nicht grundsätzlich ablehnt. Daher ist es anzuraten, nicht nur die Blüten zu bewundern, sondern auch die Blätter von oben und unten regelmäßig zu kontrollieren. Sowie die ersten Anzeichen zu erkennen sind, sollte man den Schaden bekämpfen. Ganz wichtig ist außerdem, daß kranke Blätter gründlich entfernt werden, auch vom Boden, damit sich keine Infektionsherde für das folgende Jahr bilden.

Natürlicher Pflanzenschutz

Es hat sich gerade im kleinen Garten bewährt, daß man auf Spritzmittel verzichtet und statt des-

sen um eine ausgewogene Bepflanzung bemüht ist. Pflanzen, die reich an Duftstoffen sind, können beispielsweise Schädlinge gut abhalten. Bei Beetrosen wird daher häufig die Nachbarschaft zu Lavendel (*Lavandula angustifolia*) gesucht. Für etwas größere Miniaturrosen, wie die Sorte 'The Fairy', bietet sich diese Kombinationsmöglichkeit sehr gut an. Bei den wahren Zwergen dagegen sollte man beispielsweise kleinblumige Studentenblumen (*Tagetes*) verwenden, insofern es die Blütenfarben erlauben. Sie können aber auch Currykraut (*Helichrysum italicum*) oder Weinraute (*Ruta graveolens*) verwenden. Einige Knoblauchzehen (*Allium sativum*) oder Schnittlauch (*Allium schoenoprasum*) sorgen für gesunde Miniaturrosen. Ebenso sollte man sich stets bemühen, daß sich viele Nützlinge im Garten wohlfühlen. Vögel, die Läuse vertilgen, gehören ebenso zu diesen gerngesehenen Gartengästen, wie Marienkäfer, Schwebfliegen und Schlupfwespen.

Tips zur Vermehrung

Wer mit Herz und Seele gärtnert, möchte natürlich auch das Erfolgserlebnis der eigenen Vermehrung haben. Hier kommen bei den Miniaturrosen die verschiedensten Formen in Frage. Man kann die Zahl der Zwerge durch die sogenannte Mikrovermehrung und das Veredeln vergrößern. Diese Methoden erfordern allerdings nicht nur ein großes Hintergrundwissen, sondern auch eine gewisse technische Ausstattung und Platz. Im Grunde sollte man diese Methoden dem Gärtner überlassen, denn es geht auch einfacher. Stecklinge und Absenker lassen sich leicht zu neuen Pflanzen heranziehen. Daher erfahren Sie im folgenden auch mehr zu diesen Methoden. Sie sollten allerdings auch eines wissen und beachten: Rosen, ganz gleich ob Alte, Englische, Teehybriden oder Miniaturrosen unterliegen in der Regel dem Sortenschutz. Daher darf man sie ausschließlich für den Eigenbedarf und das herrliche Erfolgserlebnis in kleinen Stückzahlen vermehren, der Verkauf ist verboten beziehungsweise man muß eine Lizenz dafür haben. Die einzige Ausnahme, die eher als selten gilt, ist die Vermehrung von eigenen Züchtungen.

Absenker

Die Vermehrung von Miniaturrosen durch Absenker eignet sich in erster Linie für bodendeckende Sorten. Dazu wählt man von einer Pflanze, die bereits kräftig im Gartenboden gedeiht, einen stark Trieb aus. Dieser wird an der Unterseite mit einem scharfen Messer leicht schräg eingeschnitten. Die Versorgung dieses Zweiges wird zunächst durch die sogenannte Mutterpflanze sichergestellt. An der Schnittstelle sollen sich allerdings neue Wurzeln bilden. Damit der Schnitt nicht verheilt, klemmt man in den Spalt einen Holzspan und bedeckt den Zweig im Bereich der Schnittstelle mit normaler Gartenerde. Die Boden-deckerrosen, wie beispielsweise die Sorten 'Nozomi' oder 'Sweet Chariot' eignen sich dabei besonders gut für diese Methode, da sie flach wachsen und die Triebe ohnehin dicht über dem Boden liegen. Wenn sich kräftige Wurzeln gebildet haben, kann der Trieb von der Mutterpflanze abgeschnitten und an einer anderen Stelle gesetzt werden. Wer ein besonders lockeres Substrat zum Abdecken verwendet, der kann den Fortschritt der Wurzelbildung leicht feststellen, indem er vorsichtig prüft, ob der Zweig sich von alleine in der Erde hält. Besonders geeignet für diese Methode ist der Frühsommer und der Spätsommer: So können sich bis zum Spätherbst kräftige Wurzeln bilden

---

Miniaturrosen, die sich zur Vermehrung durch Absenker eignen:

'Apricot Charme',
'Fresh Pink',
'Green Ice',
'Red Cascade',
'Sugar Elf',
'Wedded Bliss'

und zur Pflanzzeit im Herbst ist der Nachwuchs groß genug zum Umsetzen.

Stecklingsvermehrung bei Miniaturrosen

Während die Stecklingsvermehrung bei vielen Rosen eine große Schwierigkeit bedeutet, machen die Zwergrosen hingegen wesentlich weniger Probleme.

Die Stecklingsvermehrung der Miniaturrosen ist im Grunde unabhängig von den Jahreszeiten, allerdings ist der Wachstumsprozeß vor allem im Frühsommer und Spätsommer recht rasch und daher empfehlenswert. Als Stecklinge eignen sich kräftige, bereits abgeblühte Triebe. Sie werden von der Mutterpflanze mit einem scharfen Messer oder einer Schere abgetrennt. Dabei sollte man im folgenden darauf achten, daß der Trieb während der Arbeiten nicht austrocknet. Legen Sie ihn am besten an einen schattigen Platz, eventuell eingewickelt in feuchtes Zeitungspapier. Der Steckling sollte so lang sein, daß er genau vier Blätter hat. Die welke Blüte wird kurz über dem obersten Blattpaar abgeschnitten. Ebenso schneidet man die beiden unteren Blätter ab. Bevor nun der saubere Anschnitt unter dem unteren Blattpaar gemacht wird, sollte man die Anzuchtgefäße mit einem entsprechenden Substrat gefüllt haben, damit der Steckling dann zügig in die Erde gesetzt werden kann. Das sauber angeschnittene Ende des Stecklings taucht man kurz in ein Bewurzelungshormon, das im Fachhandel erhältlich ist, bevor man den Steckling zur Hälfte in die Erde steckt. Zwei Blätter sind dann also über der Erde

Absenker: Einen Trieb vorsichtig auf die Erde legen und mit einer Astgabel oder einem Drahthaken im Boden befestigen. Anschließend Erde aufhäufeln. Wenn sich Wurzeln gebildet haben kann die neue Pflanze von der Mutterpflanze getrennt werden.

und die Augen, wo die unteren Blätter gesessen haben, sind in der Erde. Drücken Sie den Steckling fest mit den Fingern an, und stülpen Sie nun entweder eine Plastiktüte, ein Glas oder die Haube des Miniaturgewächshauses über die Stecklinge. So vermeiden Sie, daß die Stecklinge austrocknen. Natürlich sollte die Feuchtigkeit immer wieder überprüft werden. Die Gefäße sollten hell aber nicht in der prallen Sonne stehen. In den folgenden Wochen bilden sich nun zunächst die Wurzeln, und wenn die ersten jungen Blätter zu erkennen sind, setzt das Wachstum der Pflanze ein. Nun kann man die neue Miniaturrose pflanzen, am besten in einen Topf, damit sich ein kräftiger Wurzelballen entwickelt. Wer die selbstvermehrten Miniaturrosen als Zimmerpflanzen verwendet, setzt am besten gleich drei bis vier Stecklinge in einen Topf, damit ein buschiger Eindruck entsteht. Die Wurzelspitzen der Stecklinge können vor dem Eintopfen nochmals eingekürzt werden. So

1. Einen kräftigen Trieb abschneiden. Er sollte mindestens vier Blätter haben.

2. Die unteren beiden Blätter abschneiden und den Steckling dicht unter dem unteren Auge anschneiden.

3. Nun diesen Steckling so in eine Anzuchterde stecken, daß die unteren beiden Augen mit Erde bedeckt sind, und ihn fest andrücken.

Anzuchterde für Rosenstecklinge:
Ein nährstoffarmes, lockeres Substrat ist für den Erfolg der Stecklingsvermehrung wichtig. Sie können hier eine Aussaaterde verwenden oder bereiten Gartenboden mit Torf und Sand auf. So ist die Belüftung und Wasserführung optimal. Wichtig ist, daß keine Unkrautsamen in der Gartenerde sind und auch sie frei von Krankheitskeimen ist. Da man in der Regel nur wenig Erde benötigt, kann man sie im Backofen oder in der Mikrowelle durch Hitzezufuhr sterilisieren. Komposterde enthält meist zu viele Nährstoffe, um sie für die Anzucht zu verwenden.

fördern Sie Verzweigung und Bildung eines kräftigen Wurzelkörpers. Ideal ist es, wenn die Pflanzen an den gewohnten Standort zurückgestellt und noch ein paar Tage mit einer lichtdurchlässigen Plastikhaube abgedeckt werden. Nach einer Woche nimmt man die Abdeckung ab. Nach vier bis sechs Wochen kann man auch mit der Düngung beginnen. Bis zum Spätsommer können die Triebe eingekürzt werden, später sollte man Schnittmaßnahmen vermeiden, da sonst der Austrieb neu angeregt wird und dieser einige Wochen braucht bis er ausgereift und damit frosthart ist.

Was man für die Stecklingsvermehrung benötigt:

Ein scharfes Messer oder eine Rasierklinge, saubere Plastiktöpfe oder Styroporschalen, ein Miniaturgewächshaus für die Fensterbank, Plastiktüten oder große Weckgläser, lockere Anzuchterde, Bewurzelungshormon, das die Wurzelbildung beschleunigt.

Unter einer Folienhaube stehen Rosenstecklinge in den ersten Wochen besonders gut, da die hohe Luftfeuchtigkeit die Bewurzelung fördert. Außerdem beschleunigt Bodenwärme die Neubildung von Wurzeln.

Gärtnern mit Miniaturrosen

Überzeugen Sie sich bei einem Ausflug in die Parkanlagen und Gärten, die sich dem Thema Rosen widmen, von der Schönheit dieser Pflanzen. Die meisten der aufgeführten Anlagen haben täglich geöffnet.

DEUTSCHLAND

Baden-Baden: „Gönneranlage", Lichtenthaler Allee, Rosen-Neuheitengarten am Beutig, Rosen im Stadtgrün

Bad-Nauheim-Steinfurth: Schaugärten der Rosenschulen Gönewein, Rosen-Union und Schultheiss

Berlin: Rosengarten im großen Tiergarten, Rosengarten im Volksgarten Mariendorf, Britzer Garten

Delitzsch: Rosengarten am Wallgraben

Dortmund: Deutsches Rosarium im Westfalenpark mit Informationszentrum im „Haus der Rose"

Dresden: Rosengarten am Neustädter Elbufer

Eltville/Rheingau: Rosengarten im Burggraben, Kletterrosenwand

Eutin: Zahlreiche Rosen in privaten und städtischen Grünanlagen, Rosengarten

Forst/Lausitz: Ostdeutscher Rosengarten

Frankfurt am Main: Rosengarten im Palmengarten

Hamburg: Park Planten und Blomen

Glücksburg: Schaugarten der Rosenschule Jensen

Kassel: Historische Rosensammlung im Park Schloss Wilhelmshöhe

Lahr/Schwarzwald: Rosengarten im Stadtgarten

Ludwigsburg: Blühendes Barock

Ludwigshafen: Rosengarten im Ebertpark

Insel Mainau: Italienischer Rosengarten, Straße der Wildrosen

Mannheim: Herzogenriedpark, Luisenpark

Marburg: Rosengarten im Schlosspark

München: Rosengarten im Westpark

Nöggenschwil/Süsschwarzwald: Rosendorf, viele Rosen im privaten und öffentlichen Grün

Potsdam: Rosengarten am Schloss Sanssouci

Rethmar bei Hannover: Rosen-Prüfgarten des Bundes-Sortenamtes, Besuchsmöglichkeit auf Anfrage

Sangerhausen: Europa-Rosarium, größte Rosensammlung der Welt

Schmitshausen bei Zweibrücken: Rosendorf, Rosen im öffentlichen Grün

Seppenrade bei Lüdingshausen: Rosendorf mit sehenswertem Rosengarten

Sparrieshoop bei Elmshorn: Schaugarten der Rosenschule Kordes´ Söhne

Stuttgart: Höhenpark Killesberg (IGA 93), Tal der Rosen

Trier: Rosengarten im Nells-Park

Uetersen: Rosarium Uetersen

Zweibrücken: Rosengarten Zweibrücken, Wildrosengarten an der Fasanerie

ÖSTERREICH

Baden bei Wien: Österreichisches Rosarium

Linz: Botanischer Garten

Wien: Rosarium im Donaupark

SCHWEIZ

Dottikon-Rozhenbül: Schaugarten der Rosenschule Huber mit vielen historischen Rosen

Gelfingen bei Luzern: Barockgarten Schloss Heidegg

Genf: Parc de la Grange

Neuhausen: Rosengarten aus Charlottenfels

Rapperswil: Rosengarten, viele Rosen im Stadtgrün

NIEDERLANDE

Arcen bei Venlo: Schlossgärten Arcen

Den Haag: Rosengarten im Westbroekpark

Winschoten: Rosarium

Literatur

McCann, Sean: Miniatur-Rosen, DuMont Verlag, Köln. ISBN 3-7701-3954-2

Phillips, Roger und Rix, Martyn: Rosen, Droemer Knaur Verlag, München. ISBN 3-426-26382-3

Vereine

Verein Deutscher Rosenfreunde e.V. (VDR), Waldseestraße 4, 76530 Baden-Baden

Österreicher Rosenfreunde über: Österreichische Gartenbaugesellschaft, Parkring 12/III 1, A-1010 Wien 1

Ges. Schweizerischer Rosenfreunde über: Rita Liechti, Bahnhofstr. 11, CH-8640 Rapperswil oder Dietrich Woessner, Nelkenstraße 26, CH-8212 Neuhausen am Rheinfall

Rosenbaumschulen

BKN Strobel, Wedeler Weg 62, 24421 Pinneberg

Ingwer J. Jensen GmbH, Am Schloßpark 2b, 24960 Glücksburg

W. Kordes` Söhne, Rosenstr. 54, 25365 Klein Offenseth-Sparrieshoop

LACON, J.-S. Piazolostr. 4a, 68759 Hockenheim

Walter Schultheis, Rosenhof, Bad Nauheimer Straße 3-7, 61231 Bad Nauheim-Steinfurth

Rosen-Tantau, Tornescher Weg 13, 25436 Üetersen

Rosen-Union, Steinfurther Hauptstraße 25, 61231 Bad Nauheim-Steinfurth

Register

Miniaturrosen